新时代教育创新系列丛书

高校建设项目后评价理论与实践

邬国强　主编

中国建筑工业出版社

图书在版编目（CIP）数据

高校建设项目后评价理论与实践 / 邬国强主编 . —
北京：中国建筑工业出版社，2023.2
（新时代教育创新系列丛书）
ISBN 978-7-112-28302-6

Ⅰ.①高…　Ⅱ.①邬…　Ⅲ.①高等学校—基本建设项
目—项目评价—中国　Ⅳ.①G647

中国版本图书馆 CIP 数据核字（2022）第 252673 号

本书通过分析我国高校建设项目后评价的现状，首先明确了开展高校建设项目后评价的客观困难和现实意义；其次通过整合现有建设项目后评价理论基础，结合高校建设项目的特点，从高校建设项目后评价的组织及管理、后评价指标体系的建立、后评价的具体评价方法等方面系统全面地阐述了高校建设项目全过程开展后评价工作的程序及内容，梳理了高校建设项目后评价的底层逻辑，确立了高校建设项目开展后评价工作的顶层架构；最后通过案例对高校建设项目后评价进行了全方位、全流程的实务讲解，具有很强的操作性。

责任编辑：毕凤鸣
责任校对：张　颖

新时代教育创新系列丛书
高校建设项目后评价理论与实践
邬国强　主编
*
中国建筑工业出版社出版、发行（北京海淀三里河路9号）
各地新华书店、建筑书店经销
逸品书装设计制版
北京中科印刷有限公司印刷
*
开本：787毫米×1092毫米　1/16　印张：13¼　字数：241千字
2023年3月第一版　　2023年3月第一次印刷
定价：**56.00**元
ISBN 978-7-112-28302-6
（40736）

"新时代教育创新系列丛书"编委会

《高校建设项目后评价理论与实践》
编 委 会

序

中国特色社会主义进入新时代，新时代赋予中国教育事业前所未有的重任。习近平总书记强调，教育是"国之大计、党之大计"，对提高人民综合素质、促进人的全面发展、增强中华民族创新创造活力、实现中华民族伟大复兴具有决定性意义。党的二十大报告提出"要坚持教育优先发展、科技自立自强、人才引领驱动，加快建设教育强国、科技强国、人才强国，坚持为党育人、为国育才，全面提高人才自主培养质量，着力造就拔尖创新人才，聚天下英才而用之。""要办好人民满意的教育，全面贯彻党的教育方针，落实立德树人根本任务，培养德智体美劳全面发展的社会主义建设者和接班人，加快建设高质量教育体系，发展素质教育，促进教育公平。"

实施新时代科教兴国战略，加快教育强国建设，走内涵发展道路是实现教育强国的必由之路。党的十九届五中全会通过的《中华人民共和国国民经济和社会发展第十四个五年规划和2035年远景目标纲要》中明确提出了"建设高质量教育体系"。提升内生内涵发展，促进产教融合，推动科教创新全面发展是新时代高校建设项目发展的内在要求。站在新时代，高校要以此为总纲，处理好数量与质量的关系，不能以牺牲质量为代价而一味换取高等教育规模的快速扩张，要加快"双一流"高校建设，实现高等教育的超越引领，进一步落实"双万计划"，以专业发展引领本科教育质量的提升[1]。要深化产教融合，加强科技与教育等领域的协同发展。要以产业升级转型的需求为导向，调整高校的区域布局、学科的专业设置，优化相适应的人才培养结构。完善职业教育和培训体系，拓展与创新产学研融合、校企合作的新路径，打造产学研创新全链条，推动科技与教育的共生发展[1]。

运用科学的方法对已完成的建设项目与投资决策时确定的目标比，与可行性研究报告和投资方案中设定的各类经济技术指标比，与国内外同类建设项目比，及时总结经验和找出差距，提高投资管理和决策水平，适应新时代高校建设项目管理发展内在要求，是高校项目主管部门及建设单位新时代的根本任务，是高校加强投资监督、提高决策水平、为后续项目实施及运营提供经验与教训的重要手段之一。建设项目后评价是建设项目全过程评价或者周期管理的最后一个环节，在加强投资决策、项目管理方面具有不可替代的作用。

开展建设项目后评价是一项非常复杂的工作，涉及项目的决策、准备、实施和运营，以及项目的技术评价、财务与经济评价、环境与社会评价和项目管理评价，涵盖面非常广泛，需要运用多方面的知识、技术与方法，操作难度很大，由于高校的建设项目后评价工作刚刚起步，经验不多，因而迫切需要在《中央政府投资项目后评价管理办法》和《中央政府投资项目后评价报告编制大纲（试行）》的基础上不断总结、完善、积累理论和实践经验。

建设项目后评价作为一项新工作，确实需要创新、开拓、探索。根据高校建设项目的周期和特点，教育部学校规划建设发展中心全面总结了"十三五"期间基本建设项目的建设经验，深入探索了可用于指导高校基本建设项目后评价的技术支撑体系，形成了科学、规范、系统的评价方法，建立了完整的评价指标体系，促进高校提高项目管理水平和投资效益，指导五年基本建设规划制定和项目实施，为主管部门制定相关政策和投资分配提供科学依据，并在总结实践经验的基础上，完成了《高校建设项目后评价理论与实践》一书。本书从建设项目后评价概念入手，详细地介绍了后评价的基本概念、主要方法和工作内容，并用典型案例进行了分析研究，具有较强的指导性和可操作性。相信本书的出版一定能够对高校开展建设项目后评价工作起到积极的推动作用。

前言

　　高等教育担负着人才培养、科学研究、服务社会、文化传承创新和国际交流合作的多重任务，对国家实现经济、政治、社会、文化、生态等各个领域现代化具有十分重要的作用[2]。从20世纪末开始，以高校扩招工作的启动为标志，我国高等教育事业经历了一个史无前例的大发展时期。这一时期我国高等教育经历了大规模合并、结构重组调整，同时，伴随国民经济快速发展和高等教育大众化进程的加快，高校原有校区空间不足、配套设施落后等问题日益突显。许多高校通过规划建设新校区、改造提升老校区、探索多校区办学模式等路径，实现了拓展办学空间、争取办学资源、延伸学科优势的发展目标，为我国高等教育科学发展、支撑国家创新驱动发展战略、服务经济社会发展奠定了坚实基础，做出了重要贡献[3]。高校建设项目规模大幅增长的同时，也出现了高校建设项目实施过程中普遍存在决策手段和能力、管理方式和水平、各项监管措施和力度，与新时代高校内涵式发展的内在需求不相适应的问题。项目管理者需要通过对项目实施过程、结果及其影响进行调查研究和全面系统回顾，并与项目决策时确定的目标以及技术、经济、环境、社会指标进行对比，达到评价项目、总结经验、汲取教训，提高投资管理和决策水平的目的，并为今后的决策和项目建设提供依据和借鉴，为绩效考核提供支撑。

　　党的十九大明确指出优先发展教育事业，为实现教育强国战略，落实《中华人民共和国国民经济和社会发展第十四个五年规划和2035远景目标纲要》《中国教育现代化2035》，加快一流大学和一流学科建设，实现高等教育内涵式发展，是高等教育在新时代的重要任务[4]。高校将以实现高等教育现代化为目标，持续扩展需求空间、人口空间、结构空间、国际空间、质量空间、文化空间，实现以质图强，建成世界级高等教育强国，为社会主义现代化强国奠定坚实基础。高校建设项目是高等教育发展的基础任务，是"双一流"建设的硬件保障，是高校内涵式发展的基础条件，国家和地方政府在高校基本建设方面将会持续投入，高校的建设发展进入新时代。根据《国务院关于投资体制改革的决定》要求，健全政府建设项目全过程管理制度，加强投资监管工作必将成为政府和高校投资主管部门职能转换的重点，其中一项重要内容就是开展建设项目后评价工作。

国内外关于高校建设项目开展后评价的研究和评价较少，全国高校建设项目缺少一套完整有效的后评价指标体系和评价规则。新时代背景下，高校建设项目必须适应现代化教育的需要，满足高科技发展的需求，满足对外开放、交流的要求。如何评价高校建设项目是否达到最初设定的目标，采用何种方式对高校建设项目进行完备的后评价，成为高校建设项目中越来越重要的环节。面对新时代高等教育发展的机遇带来的挑战与压力，作为项目建设管理者来说，必须用全新的眼光重新审视高校的基本建设工作，把它作为实现我国现代化和提高全民族素质的基础工程，以改革创新的精神把这项事业搞好[2]。教育部学校规划建设发展中心于2020年7月受教育部发展规划司委托，承担了《教育部直属高校"十三五"基本建设项目后评价体系研究》的教育规划与战略研究课题。课题组采用了定性与定量相结合的原则，综合运用了文献分析法、问卷调查法、专家研讨法、案例研究法等研究方法开展研究工作，形成了《教育部直属高校"十三五"基本建设项目后评价体系研究报告》并顺利通过课题验收，获得主管部门认可和好评。在课题研究成果的基础上，我们又组织相关专家和高校从业人员进行深入、系统的梳理和案例实操演练，编写完成了《高校建设项目后评价理论与实践》一书。

本书通过分析我国高校建设项目后评价的现状，首先，明确了开展高校建设项目后评价的客观困难和现实意义；其次，通过整合现有建设项目后评价理论基础，结合高校建设项目的特点，从高校建设项目后评价的组织及管理、后评价指标体系的建立、后评价的具体评价方法等方面系统全面地阐述了高校建设项目全过程开展后评价工作的程序及内容，梳理了高校建设项目后评价的底层逻辑，确立了高校建设项目开展后评价工作的顶层架构；最后，通过案例对高校建设项目后评价进行了全方位、全流程的实务讲解，具有很强的操作性。

希望本书的出版能够为我国高校建设项目后评价带来更多思考，能够帮助各级教育主管部门、高校基本建设从业人员和各类咨询机构在开展高校建设项目后评价工作时提供理论依据和实践思路，能够更好地推动我国高等教育事业高质量发展。

目　录

第一章
高校建设项目后评价概述

高校建设项目，是指高校为实现办学目标，为学校提供充分的人才培养、科学研究、服务社会、文化传承创新和国际交流合作等方面发展需要的空间资源，以满足高校教学、科研及社会服务等需求而组织建设的固定资产建设项目，是学校教学、科研不可或缺的基础工程。高校建设项目的管理部门，应在吸收建筑市场有关建设项目管理好的经验做法的基础上，根据高校建设项目特别之处，诸如非营利性、建设项目管理专业技术人员缺乏、有比较固定的竣工时间要求等因素，建立一套比较完善、成熟的适合高校自身建设项目管理需求的管理体系，从而促使高校建设项目的目标得以实现[5]。

高校建设项目后评价是指对已建成并投入使用一段时间后的高校建设项目进行系统总结和客观评价的技术经济活动。进行后评价是高校固定资产投资管理的一项重要内容，同时也是高校固定资产投资管理的一个重要环节。项目后评价的对象既可以是整个新校区建设项目，也可以是单体建筑或群体建筑；既可以是新建项目，也可以是改扩建项目。其目的在于提升学校固定资产建设项目管理水平，强化对项目建设和运营管理的重视程度；积累项目投资规划和建设的经验教训，提高建设单位投资决策水平；反馈信息，便于调整建设投资计划，或为项目的完善提供建议和方案，提高投资效益；为国家与行业制定标准、调整参数提供相关依据，完善投资决策机制等。

第一节　项目后评价的定义和发展历程

一、项目后评价的定义

项目后评价是指项目投资完成之后所进行的评价[6]，是在项目竣工验收与决算并投入使用或运营一定时间后，通过对项目实施过程、结果及其影响进行系统调查和全面回顾，运用规范、科学、系统的评价方法与指标，将项目建成后所达到的实际效果与项目的可行性研究报告、初步设计（含概算）文件及其审批文件的主要内容进行对比分析，总结经验，找出差距及原因，提出相应对策建议，并反馈到项目参与各方，形成良性的项目决策机制。本质内涵为：

1.规范与提高相统一

项目后评价首先是一个学习过程，后评价是在项目投资完成后，通过对项目目的、执行过程、效益、作用和影响进行全面系统分析，总结正反两方面的经验教训，使项目的决策者、管理者和建设者学习到更加科学合理的方法和策略，提高决策、管理和建设水平。其次，后评价又是增强投资活动工作者责任心的重要手段[7]。由于后评价的透明性和公开性特点，以项目业主对日常的检测资料和项目绩效管理数据库、项目中间评价、项目稽查报告、项目竣工验收与决算的信息为基础，以调查研究的结果为依据，通过对投资活动成绩和失误的主客观原因分析，可以比较公正客观地确定投资决策者、管理者和建设者工作中实际存在的问题，从而进一步增强责任心和工作水平。

2.过程与结果相统一

项目管理是根据调查分析，按事先预测并在项目可行性研究报告中详细规定的目标和实施方案，按照合理的时间进度、投入水平、工程质量等，完成项目验收以及总结评价的全过程。项目管理周期大致分为三阶段：一是前期准备。包括提出项目建议书、进行项目可行性研究、项目评估、正式立项、签订投资（贷款）协议书、进行项目扩初设计等。二是项目实施。严格按项目评估报告及设计的要求实施项目。为保证项目实施达到预期的目标，在整个实施过程中应严格执行计划管理、资金管理、物资管理、工程技术管理等，建立健全统计、会计核算制度，实行严密科学监测，保证项目顺利实施。三是竣工验收与决算。按项目文件提出的目标，检查验收项目完成的内容、数量、质量及效果。评价项目可行性研究报告及项目前评估报告的质量，总结项目实施过程的经验教训，并颁发项目竣工验收与决算证书。

项目评估或评价伴随项目管理周期的始终。项目立项前，要对项目可行性研究报告及相关内容进行项目前评估，决定项目是否立项；项目实施过程中，要对项目实施过程进行跟踪、监测及评估，对项目实施过程遇到的变数及时做出反应与调整，以保证项目按计划实施与完成；项目竣工验收与决算时，要对项目完成以后的实际效果及项目实施过程中的经验教训进行项目后评价，对未来项目管理提供建议。

3.近期与远期相统一

以基本建设项目为例，其管理程序包括：行业规划、单位或地区发展规划→

项目建议书→可行性研究报告→年度基本建设计划→采购→施工或国内外设备订货→工程竣工验收与决算及评价→工程结算→竣工财务决算和竣工报告→项目后评价等。项目后评价位于一个已完成项目的末端，同时又处于另一个新项目的开端，即位于项目周期中"承前启后"的重要位置，因而它是建设项目全过程评价或者周期管理的最后一个环节，在整个项目评价体系中有重要的作用和地位，也是项目管理的重要内容。2004年《国务院关于投资体制改革的决定》中首次对建设项目后评价在我国投资管理体制中的作用和地位进行了正式确认，将建立建设项目后评价制度视为加强政府投资全过程监管的重要工作，对推动后评价工作有着积极的影响[8]。

4.投资与管理相统一

项目管理是项目活动中必要的、不可缺少的部分。为便于项目管理，通常把一个项目从开始到结束的整个项目建设过程（或项目建设周期）按照先后顺序划分为若干个阶段，如项目选定、项目计划、项目实施和项目评价等。每个阶段管理活动前后有序，完成前一阶段活动才能顺序进入下一阶段活动，各阶段有机联系，构成完整严密的项目管理周期。项目管理周期就是将一个项目划分成含有不同内容而又相互联系着的各个阶段的总和，它不仅表现为一个项目从开始到结束的过程，也表现为从一个项目结束到另一个新项目开始的循环往复、周而复始的关系[9]。

虽然后评价对完善已建项目、改进在建项目和指导待建项目有重要的意义，但更重要的是为提高投资决策服务，即通过评价建议的反馈，完善和调整相关方针、政策和管理程序，提高决策者的能力和水平，进而达到提高和改善投资效益的目的[10]。

二、我国项目后评价的发展历程

20世纪80年代初，我国的一些研究机构在开始研究建设项目可行性分析方法的同时，开展了后评价方法的研究，通过与一些国家和国际机构的交流，逐步形成我国后评价的理论和方法基础。

1988年，国家计委委托开展了第一批国家重点投资建设项目的后评价，标志着后评价在我国正式开始。1990年至1997年，国家计委每年委托对部分重点项目进行后评价，并相继委托相关机构对后评价的内容、方法、组织等问题进行探讨。

1994年，国家开发银行和中国国际咨询公司等单位先后成立了专门从事项目后评价的机构，配备专业人员，制定后评价办法，按不同要求从不同角度开展项目后评价；国家相关部委也根据本行业建设项目管理需要，相继研究制定了建设项目后评价文件，如原交通部、水利部、铁道部、化工部、农业部等；部分行业及金融机构也有选择地开展了后评价工作。特别是1998年，为系统总结、吸取经验教训，提高建设项目决策科学化水平，原国家计委组织对"八五"期间建成投产的400多个大中型项目进行了全面后评价[10, 11]。

2004年，国务院发布《国务院关于投资体制改革的决定》，明确提出要"完善重大项目稽察制度，建立政府投资项目后评价制度，对政府投资项目进行全过程监管"。

2005年5月，为贯彻落实投资体制改革的决定，国资委下发了《中央企业固定资产投资项目后评价工作指南》，这是中央企业开展建设项目后评价工作的指导性文件。

2008年底，为加强和完善政府建设项目后评价制度，规范项目后评价工作，国家发展和改革委员会发布了《中央政府投资项目后评价管理办法（试行）》，明确了在中央政府建设项目中开展后评价的有关规定，这标志着我国建设项目后评价工作进入了制度化、规范化轨道。

2014年，国家发展和改革委员会修订《中央政府投资项目后评价管理办法》，并印发《中央政府投资项目后评价报告编制大纲（试行）》。

2016年7月，中共中央、国务院发布《关于深化投融资体制改革的意见》（以下简称《意见》）。《意见》指出，党的十八大以来，党中央、国务院大力推进简政放权、放管结合、优化服务改革，投融资体制改革取得新的突破，建设项目审批范围大幅度缩减，投资管理工作重心逐步从事前审批转向过程服务和事中事后监管，企业投资自主权进一步落实，调动了社会资本积极性。《意见》要求，完善政府投资体制，发挥好政府投资的引导和带动作用，加强政府投资事中事后监管，完善政府投资监管机制，加强建设项目审计监督，强化重大项目稽查制度，完善竣工验收与决算制度，建立后评价制度，健全政府投资责任追究制度[11]。

2017年1月，国务院国有资产监督管理委员会发布《中央企业投资监督管理办法》，并要求中央企业应当根据本办法规定，结合本企业实际，建立健全投资管理制度。企业投资管理制度应包括以下主要内容：（1）投资应遵循的基本原则；（2）投资管理流程、管理部门及相关职责；（3）投资决策程序、决策机构及其职责；（4）建设项目负面清单制度；（5）投资信息化管理制度；（6）投资风险管控制度；（7）建设项目完成、中止、终止或退出制度；（8）建设项目后评价制度；（9）违规投资责任追究制度;(10)对所属企业投资活动的授权、监督与管理制度。同时还规定:"中央企业应当每年选择部分已完成的重大投资项目开展后评价,形成后评价专项报告。通过项目后评价,完善企业投资决策机制,提高项目成功率和投资收益,总结投资经验,为后续投资活动提供参考,提高投资管理水平[11]。"

第二节　高校建设项目后评价的内容和特点

一、高校建设项目后评价的内容

根据国家标准《项目后评价实施指南》GB/T 30339—2013,项目后评价通常包括项目目标评价、项目过程评价、项目效益评价和项目可持续性评价等四个方面。其中,项目目标评价是指分析和评价项目预设目标的正确性、合理性,判断项目立项时设定的各项目标的实现程度,其可并入项目过程评价中一并考虑。项目效益评价主要是指对项目竣工后的实际经济效果所进行的财务评价和国民经济评价,高校建设项目有别于传统意义上的投资项目,后评价工作更需注重的是分析项目评估时预测的目标和指标的实现程度,以期对项目计划的价值做出科学的判断,即项目效果评价。因此,对于高校建设项目后评价内容可分为三大类,即:项目过程评价、项目效果评价和项目可持续性评价。

1.高校建设项目过程评价

高校建设项目过程评价是指对高校建设项目的立项决策、建设实施、竣工验收与决算、运行维护等各阶段及建设管理进行的系统分析和评价。通过对高校建设项目的各个进展阶段进行复盘,确认高校建设项目的立项决策、建设实施及竣工验收与决算等全过程是否按计划进行,运行维护、建设管理的各项制度和措施是否规范到位,分析项目实施效果与既定目标之间的重大差异及产生原因,并对项目进展全过程的管理水平和工作质量作出评价。

2.高校建设项目效果评价

高校建设项目效果评价是指在项目过程评价的基础上,对高校建设项目投入使用后实际取得效益、效果的分析和评价。结合高校建设项目特点及当前建筑技术发展趋势,高校建设项目效果评价可包括规模效益、功能效果、经济效益等方面内容的评价。

高校建设项目效果评价不同于项目可行性研究中的效益评估。项目效果评价不是以预期效益目标为基础的预测分析，而是在对已投入使用的项目取得的实际效益进行统计分析的基础上进行的一种重新测算分析。通过测算分析项目计算期内各主要效果指标与项目立项决策指标或基准判据参数，总结经验教训，并在比较的偏差中发现问题，找出原因并提出改进措施，可为提升高校建设项目规划建设管理水平和投资效益服务。

3.高校建设项目可持续性评价

建设项目的可持续性是一种保持建设项目自身效益和外部影响动态均衡的状态，在不超出维系生态系统承载力的情况下，最大限度地发挥建设项目自身效益，改善人类生活质量促进社会的全面进步[12]。其至少包含着两个层次，首先是建设项目自身的可持续性，包括建设项目安全可靠、功能齐全、创造经济效益收回投资以及满足更新改造等；其次是建设项目的溢出性效益，即建设项目在发挥自身经济效益的同时对生态环境造成的影响以及社会进步所作出的贡献[12]。

建设工程项目可持续性的内涵除了自身的可持续性外，还应当体现建设项目与生态环境的相容性、经济内部效益和经济外部效益的协调合理性以及体现社会公平促进社会可持续发展。也就是说，建设项目的可持续性就是建设项目自身与建设项目所处的经济、社会、环境三大系统的统一，是建设项目本身与生态、社会和经济之间内部效益与外部效益、发展与约束、长期与短期之间的动态均衡的程度，它们之间不断的进行物质流、能量流和信息流的交换。归根到底就是建设项目本身与环境系统（包括社会环境和自然环境）之间能量流的均衡[12]。

高校建设项目可持续性评价是指分析和评价项目建成投入使用后项目既定目标能否按期实现，判断项目是否具有可重复性。主要包含生态效益评价和社会效益评价等。

二、高校建设项目后评价的特点

开展高校建设项目后评价工作，不仅会有效提升建设项目本身的综合效益，而且可以有效提升后续项目的管理水准，对于实现建设项目的持续性投资优化、功能优化、质量优化、运维优化等具有显著意义。与一般项目后评价相比，高校建设项目后评价的显著特点有：

1.高校建筑种类齐全、体系完整

高校建筑集教学、科研、生活于一体，有着与城市相似的结构，一所校园就是一座小城市，虽然在体量上二者不能相提并论，但高校内的教学楼、办公楼、实验楼、宿舍楼、医院、餐厅、商场、体育馆、住宅楼等各类建筑一应俱全。因此，在进行高校建设项目后评价的过程中要充分考虑各建筑的使用功能，针对不同建筑物的要求与特点开展相应的后评价工作。比如，在评价教学楼等担负着教学功能的建设项目时，需要对教室数量、房间大小、学生数与座位数的匹配情况等进行客观评价；而在评价办公楼等担负行政办公活动的建设项目时，需要对办公区域空间排布、会议室安排与设备配备情况等方面进行全面考量。这些建筑物因其承担的使用功能不一，在进行项目后评价时也要有不尽相同的考核指标。

2.高校内管理部门众多，后评价过程更为复杂

高校建设项目在其生命周期中涉及投资决策层、规划部门、计划部门、财务部门、经营部门、投资部门、项目管理部门、项目建设单位、项目运营单位等各级管理机构。后评价工作的顺利完成，一方面需要对项目管理中各方的履职程序、效率和质量进行分析和评价；另一方面现场调研工作也需要各方的积极配合与支持。对于建设项目涉及投资规划、项目评估、投资决策、项目管理、运营管理等多个管理领域，如何统筹协调各部门相互配合、按部就班地开展后评价工作是一项复杂且具有挑战性的任务。

开展高校建设项目后评价工作，需要有专业化咨询力量的支撑。项目后评价人员既要有深厚的专业知识，精通规划、建筑、结构、机电、市政等方面工程技术，又要熟悉工程建设和高等教育相关法规政策，能够对高校建设项目的法律法规边界和管理环境有深入的理解和判断。上述的限制条件对我国能够从事后评价工作的咨询工程师储备情况提出了新要求。

3.高校内人口密度大，各群体需求不一

与社会面的人口架构不同，高校校园内聚集着大量的青年学生。作为校内的主体成员，学生群体对学习区域（如图书角、阅览室、实验室等）和休闲区（如餐厅、运动场、健身房等）有着更高的期待，这就要求在相关建设项目后评价时需要充分考虑到实际需求，提高标准进行客观评价。同时，校内的教职工、后勤人员及其家属等对校园内各区域需求不一，相对幽静的住宅区、配套的相关设施会更加受这类群体的青睐。针对不同人群的需求，在充分考虑使用建筑的人员特点、建筑用途、校园特色的情况下，后评价工作的开展重点也会有所偏移。

4.与其他项目评价的区别

（1）与项目审计的区别

项目审计作为专项审计，其目的是确定项目的各项经济活动的合法性、公允

性、合理性及其效益性。项目审计是以法律和有关规定为准绳审查项目，重点是对投资结算和决算的审计，一般不对项目后期实际产生效益情况进行审查[13]。

项目后评价的服务对象主要是投资决策层，主要目的是考察投资决策的正确性和实际情况与预期目标的偏离程度，以提高项目的后续实施和管理水平，并为未来投资计划和投资决策提供科学依据。后评价的重点是项目的宏观作用和影响及其自身的可持续性。

可见，两者在评价范围和工作重点等方面有着本质的区别。

（2）与项目评审的区别

项目评审以项目建设前为评价时点，在对项目效果进行预测分析的基础上，预判项目是否具有可行性，是否具备立项的依据，其评价结论仅仅反映项目自身可能获得的效益。

项目后评价是在项目投产运行一段时间后，对项目立项、设计、施工、验收和运行等全生命周期的全面总结。其不仅计算项目的实际效益，而且通过全面考察和收集项目当期运行的实际情况和实际数据，采用对比分析的方法比较前、后评价的效益差异，从而发现项目建设过程中的效益变化规律，并预测项目未来发展的可能性和趋势，为改进今后项目建设过程中资金、设备、人力资源等的控制和管理提供依据。

与项目评审相比，项目后评价发展较晚，是目前项目管理过程中的弱项，其基本概念、评价方法、评价内容等还没有一个固定的格式及统一的说法。一般认为项目后评价是指对已经完成项目（或规划）的目的、执行过程、效益、作用和影响进行的系统、客观的分析。通过项目活动实践的检查总结，确定项目预期的目标是否达到，项目或规划是否合理有效，项目的主要效益指标是否实现。通过分析评价找出成败的原因，总结经验教训；并通过及时有效的信息反馈，为提高和完善未来项目的投资决策管理水平提出建议，同时也为后评价项目实施运营中出现的问题提出改进建议，从而达到提高投资效益的目的[10, 14]。

5.高校建设项目后评价的分类

（1）按评价内容分。可分为专项后评价和综合后评价两类。

1）专项后评价。选择项目管理的某一个或多个领域而开展的、针对性比较强的后评价，如招标采购管理专项后评价、工程结算管理专项后评价、合同管理专项后评价、造价控制专项后评价等。

2）综合后评价。评价内容涵盖项目各个管理要素和覆盖项目全生命周期的一类后评价，包括了组织架构、制度体系、决策程序、监督管理、人力资源、运行管理、项目可持续性、社会影响等评价内容，此类项目综合性较强、对评价人员的要求也较高。

（2）按评价时点分。可分为过程中评价和事后评价。

两者以项目竣工验收与决算为分界线。在项目竣工验收与决算之前，根据需要所开展的阶段性评价为过程中评价；在项目竣工验收与决算之后，根据需要所开展的评价为事后评价。过程中评价多以专项评价、合规性评价为主要内容；事后评价多指在项目建成投产一定期限后，对项目前期准备、实施过程、运营情况及其影响效果进行的综合性评价。

（3）按评价目标分。可分为：

1）以发现和解决共性问题为目标的项目后评价。对本单位同一类型的若干个建设项目在短期内集中开展后评价，通过同类型项目之间的对比与差异分析，发现和寻找共性问题进而从根本上解决此类项目的管理瓶颈问题。比如组织系列图书馆建设项目的后评价工作，以发现在图书馆建设、设计、施工、验收、投运各环节及整体流程衔接等方面存在的共性问题，进而予以重点解决。

2）以发现和解决个性问题为目标的后评价。选择问题或成绩比较突出、过程与结果变化比较大、影响比较严重的个别建设项目开展后评价，对其外在表象问题进行深入成因分析并做出评价结论。其后评价结果将通过警示、表彰、责任追究或纳入考核等应用形式，达到奖优惩劣、推广经验或改进管理的目的。

第三节　高校建设项目后评价的依据和原则

20世纪60年代以来，项目后评价理论已发展成为发达国家和国际金融组织实施投资监督、进行项目管理的有力手段和工具[15]。我国从20世纪80年代初期开始试行项目后评价工作，到20世纪90年代中期，项目后评价工作已在全国范围内得到普遍推广。高校建设项目在我国作为一类重要的建设项目，也应通过后评价总结经验教训，以更好地适应我国高等教育的高质量发展需求[16]。

一、高校建设项目后评价主要依据

高校建设项目后评价的主要依据包括法律法规及政策、相关标准及项目文件三大类。

1.法律法规及政策

高校建设项目从立项决策、建设实施到运行维护应合法合规，为此，项目后评价首先应以相关法律法规及政策为依据。

（1）相关法律法规。相关法律有《中华人民共和国民法典》《中华人民共和国建筑法》《中华人民共和国招标投标法》《中华人民共和国政府采购法》等；相关行政法规有《建设工程勘察设计管理条例》《中华人民共和国招标投标法实施条例》《中华人民共和国政府采购法实施条例》《建设工程质量管理条例》《建设工程安全生产管理条例》《生产安全事故报告和调查处理条例》等。

（2）相关政策。相关政策规定了建设项目后评价的主要内容和工作程序，成为高校建设项目后评价的直接依据。这些政策包括2004年国务院印发的《国务院关于投资体制改革的决定》、国家发展和改革委员会印发的《中央政府投资项目后评价管理办法》（发改投资〔2014〕2129号）、教育部印发的《教育部直属高校基本建设管理办法（2017年修订）》（教发〔2017〕7号）、财政部印发的《行政事业单位内部控制规范（试行）》（财会〔2012〕21号）、教育部办公厅印发的《教育部直属高校经济活动内部控制指南（试行）》（教财厅〔2016〕2号）。特别是《教育部直属高校基本建设管理办法》明确规定，直属高校建设项目实行后评价制度，教育部根据有关规定要求，对项目建成后的使用效果进行绩效评价。

此外，许多地方先后出台的建设项目后评价管理办法，也是高校建设项目后评价的主要依据。

2.相关标准

作为高校建设项目后评价依据的相关标准，不仅包括与高校建设项目相关的众多工程技术标准，而且包括相关管理标准，如标准招标文件、各类合同示范文本及工程项目管理和监理标准等。实施高校建设项目后评价，可参考国家标准《项目后评价实施指南》GB/T 30339—2013，该标准规定了项目后评价内容、组织管理和工作程序，项目后评价文件编制要求等。事实上，国家发展和改革委员会印发的《中央政府投资项目后评价报告编制大纲（试行）》（发改投资〔2014〕2129号）也是高校建设项目后评价的主要参考依据。

3.项目文件

项目层面的相关文件是高校建设项目后评价的最直接依据。这些文件包括：项目立项审批文件、项目实施文件及其他文件资料。

（1）项目立项审批文件。主要包括：项目建议书、项目可行性研究报告、初步设计和概算、节能评估报告等相关资料及相关批复文件。

（2）项目实施文件。主要包括：项目招标投标文件、合同文件、概算调整报告、施工图设计会审及变更资料、监理报告、竣工验收与决算报告等相关资料及相关审批文件。

（3）其他文件资料。主要包括：工程结算和竣工财务决算资料、工程审计资料及项目使用情况分析报告等。

二、高校建设项目后评价基本原则

高校建设项目后评价应遵循独立、公正、客观、科学的原则。

1.独立性原则

独立性是指项目后评价通常应由独立的第三方完成，评价过程和结论不受项目决策者、管理者、执行者和决策评估人员的干扰，这是项目后评价公正性和客观性的重要保障[17, 18]。如果高校建设项目后评价不独立或不完全独立，项目后评价工作就难以做到客观和公正。为了保证高校建设项目后评价的独立性，必须在评价机构设置、人员组成、经费来源等方面进行综合考虑。

2.公正性原则

公正性是指高校建设项目后评价结论要公正。既要实事求是地总结成功经验，也要认真负责地总结失败原因；既要指明现实存在的问题，也要客观分析问题产生的历史原因和时代局限性[19]。

3.客观性原则

客观性是指项目后评价人员要广泛收集和深入研究项目建设的相关数据资料，在调研过程中要认真查看现场，广泛听取各方面的反映和不同意见，尽量全面了解项目的历史和现状。评价报告要以事实为依据，以总结经验教训为出发点，评价结果要做到客观真实、以理服人。

4.科学性原则

科学性是指项目后评价的内容、方法和手段要科学，设置的评价指标体系要合理，采用的数据要有可比性，且前后对比的口径要一致。只有坚持项目后评价的科学性，才能得出客观真实的项目后评价结论，反馈的评价成果、经验和建议才有真正的实用价值[20]。

第四节 开展高校建设项目后评价的作用和意义

一、高校建设项目后评价的作用

项目后评价在建设项目的管理和决策工作中起着重要作用。通过项目后评价，可以达到肯定成绩、总结经验、研究问题、吸取教训、提出建议、改进工作、不断提高项目决策水平和投资效果的目的。具体而言，高校建设项目后评价的作用主要体现在以下几方面：

1.为改善决策和管理服务

（1）具有为管理提供咨询服务的功能

项目后评价是对项目建设、实施和运行全过程进行总结和分析的完整性工作，基于科学的评价研究理论，通过建立完善的后评价制度和合理的评价方法，增强了评价过程的客观公正性，提高了评价结果的准确有效性。项目后评价注重信息的及时反馈，以便能够及时发现项目决策和管理中的不足，降低投资风险，提高项目决策科学化水平。通过后评价，项目管理者可以及时发现项目实施过程中出现的问题，总结经验教训，以改善今后的立项决策和管理；后评价报告中的结论也可作为资源调整和优化配置的依据，因而也可能对将来决策的形成产生重要影响[21]。

（2）有利于提高项目立项决策水平

建设项目的成功与否，主要取决于立项决策是否正确。如果调查研究和方案论证充分，又有良好的前瞻性，则项目立项决策的成功率就高。通过项目后评价，可以总结立项决策的成功经验和失误教训，从而为今后类似建设项目的立项决策提供重要参考和借鉴。

2.强化检验和监督功能

（1）对项目前评估的检验功能，有利于提高评估的质量

在项目立项时的前评估中，即使评估人员认为自己保持了客观公正的立场，采用科学的评估指标和方法也难免出现评估误差。通过后评价，评价人员在对项目执行情况与前评估报告中的相关内容进行对比和分析的基础上，可以对前评估的准确度做出初步的判断，并分析产生误差的原因，以便今后提高评估的质量[21]。

（2）对项目执行单位进行监督，有利于提高项目建设实施水平

后评价虽然带有事后监督的性质，但它作为项目执行的整个过程监督的一个环节，可以对项目执行单位形成外部约束。监督的内容主要包括：项目有无按原计划进行，技术方案有无重大调整，资金使用是否符合规定用途和达到了预期效果等[22]。

建设实施是落实高校建设项目立项决策意图、进行规划设计、采购材料设备、形成工程实体的重要阶段。由于项目建设过程涉及立项、设计、准备、施工、调试、验收和运行等多个环节，因此，项目管理工作是一个极其复杂的过程。如新校区规划设计需要考虑高校特点和校园环境优美绿化需求，还要考虑校园轴线和建筑布局等需求，既有校区改扩建则需要考虑改扩建的建筑物与既有建筑物的重新组合和建筑风貌的协调一致等。而且不同高校建设项目中大量的招标采购、工程施工实践也会有风格各异、种类不同的经验教训，再加上每一个环节都有各自独立的目标，需要各个部门之间的相互合作与协调才能保证多个目标的实现。通过项目后评价，有利于判断目标是否实现，从而总结各个部门的管理能力情况，也可以总结高校建设项目规划设计、招标采购、工程施工过程中的经验教训，这些无疑会对不断提升高校工程建设管理水平有积极的促进作用。

3. 丰富项目管理手段，有利于促进项目效果持续发挥

高校建设项目投资额大，少则上千万元，多则几十亿元，甚至上百亿元。工程造价稍加控制，就可能节约一笔可观投资。通过项目后评价，可以总结高校建设项目在投资估算、设计概算、招标签订合同、工程价款结算等环节的经验教训，对于今后类似建设项目控制工程造价将会起到积极作用。

另外，项目后评价是在项目运行一段时间后进行的，根据项目实际运行情况和初期的目标，比较实际情况与预期之间的偏差，寻求差异产生的原因并提出可行的建议，从而保证项目的正常运行，提高项目的效益，促进项目效果持续发挥。

4. 强化项目宏观管理，有利于提高项目建设的规范性、全面性

高校建设项目建成投入使用后，能否实现预期效果，绿色节能等生态效益问题是项目后评价关心的重要问题。对于投资效果差异大的项目，项目后评价时要认真分析原因，总结经验教训。特别是对于投资效果差的项目，要提出改进措施，使建成后的项目能充分发挥作用，不断提高投资效益。通过项目后评价，可以分析高校建设项目的投资效益，包括经济效益、社会效益及生态效益等[19]。

项目后评价不仅可以评价项目本身的影响和效益，而且可以分析项目的建设

运行与环境、社会之间的协调关系，从宏观经济发展和项目管理的角度发现不足，使政府能够及时地调整和修订政策。项目后评价为各部门与各行业之间的协调管理提供依据，为国家宏观发展提供反馈信息，从而帮助学校确定投资方向和投资规模。项目后评价工作可以加强信息反馈，提高项目建设的规范性、全面性，促进项目投资建设的良性循环。

二、高校建设项目后评价的意义

1.有效提升新时代高校建设项目的管理水平

从20世纪末开始，以高校扩招工作的启动为标志，我国高等教育事业发展经历了一个史无前例的大发展时期。这一发展时期的突出特点是数量的增长，在校生由1998年的341万人发展到2018年的3565万人，高校建设项目大幅增长，但对建设项目质量问题的关注相对不足，缺乏项目建设后的总结过程。

高校建设项目发展成效回顾。20世纪90年代末以来，我国高等教育经历了大规模合并、结构重组调整，同时伴随国民经济快速发展和高等教育大众化进程的加快，高校原有校区空间不足、配套设施落后等问题日益突显。高校多校区办学从此逐步产生，许多高校通过规划建设新校区、改造提升老校区、探索多校区办学模式等路径，实现了拓展办学空间、争取办学资源、延伸学科优势的发展目标，为我国高等教育科学发展、支撑国家创新驱动发展战略、服务经济社会发展奠定了坚实基础，做出了重要贡献。

（1）基本建设投资额

2003～2020年全国高校基本建设年完成投资总额如图1-1所示。

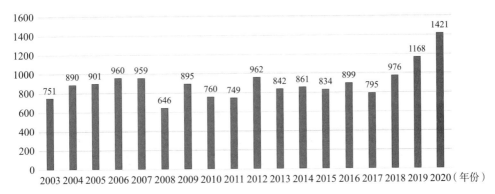

图1-1　2003～2020年全国高校基本建设年完成投资总额（单位：亿元）

数据来源：教育部、国家统计局

从图1-1可以看出，2003年以来，全国高校基本建设年完成投资额基本保持在800亿元左右，2020年更是达到1421亿元。由此可见，国家和地方政府在高校基本建设方面在持续投入。

（2）已有校舍建筑面积

2003～2020年全国高校校舍建筑面积如图1-2所示。

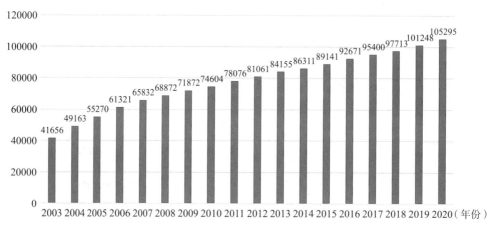

图1-2　2003～2020年全国高校校舍建筑面积（单位：万平方米）

数据来源：教育部、国家统计局

从图1-2可以看出，全国高校校舍建筑面积在不断增长。从2003年的41656万平方米增至2020年的105295万平方米，十八年增长了152.8%，年平均增长率约为8.5%。

（3）在建校舍建筑面积

2003～2020年全国高校在建校舍建筑面积如图1-3所示。

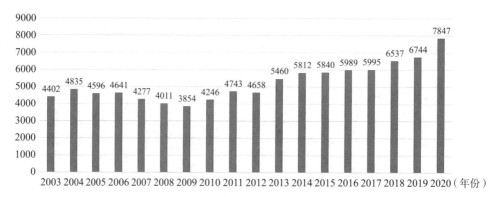

图1-3　2003～2020年全国高校在建校舍建筑面积（单位：万平方米）

数据来源：教育部、国家统计局

从图1-3可以看出，全国高校在建校舍建筑面积自2012年以来在不断增长。从2012年的4658万平方米增至2020年的7847万平方米，九年增长了68.5%，年平均增长率约为7.6%。

（4）在建校舍建筑面积地区分布

按地区考虑，31个省、自治区、直辖市高校在建校舍建筑面积见图1-4。

年份\地域	2003	2004	2005	2006	2007	2008	2009	2010	2011	2012	2013	2014	2015	2016	2017	2018	2019	2020	年均增长率
江苏省	473.61	403.24	505.82	457.96	449.54	368.08	295.21	302.50	251.62	289.09	290.16	316.24	425.34	357.92	388.22	268.37	232.93	214.97	-3.14%
陕西省	190.51	248.77	176.18	196.95	159.50	128.34	185.23	248.06	412.96	421.18	425.45	478.52	475.64	439.30	440.19	585.54	514.62	535.60	8.93%
山东省	319.13	364.69	384.39	362.50	252.31	191.26	193.42	154.98	132.56	137.65	199.30	255.54	285.17	299.74	345.63	392.21	543.99	646.77	6.24%
四川省	276.10	177.80	172.36	309.47	213.74	217.94	228.98	267.99	166.23	204.01	296.48	354.54	375.61	381.96	401.13	379.18	429.46	497.80	7.06%
广东省	309.89	412.53	279.57	235.65	195.94	234.34	265.27	265.68	318.93	170.86	177.58	229.86	228.57	213.73	157.96	447.72	457.05	700.82	12.59%
河南省	256.99	230.64	284.94	293.11	167.74	129.14	176.14	164.00	192.93	222.73	349.21	339.90	248.28	278.67	305.02	322.88	358.49	393.62	5.21%
浙江省	263.91	297.56	225.29	177.94	171.37	204.99	127.23	165.22	230.34	249.28	242.47	329.47	335.29	311.8	395.71	341.18	294.64	263.2	2.33%
北京市	196.70	197.43	232.34	178.35	237.48	178.44	191.35	212.38	196.92	220.80	303.09	297.95	254.48	266.27	290.84	317.69	295.87	300.52	3.82%
湖北省	204.18	346.13	236.48	242.96	154.11	142.88	108.75	108.76	158.21	174.27	235.41	235.23	167.99	230.17	257.17	234.65	283.92	371.39	7.45%
云南省	19.44	35.96	62.68	72.62	175.40	245.57	233.77	348.64	338.93	158.30	177.69	189.84	207.82	223.33	241.37	274.41	331.05	341.29	25.09%
辽宁省	197.03	150.90	123.91	140.48	112.51	127.63	172.46	242.23	205.18	240.73	268.86	186.13	245.90	214.48	177.96	194.56	213.62	208.28	2.53%
福建省	133.57	111.51	155.26	216.75	190.2	150.22	143.59	135.57	176.43	205.69	142.67	189.51	189.53	189.63	195.84	188.79	216.80	232.96	5.29%
安徽省	179.78	177.24	134.86	168.26	176.69	137.27	118.75	172.82	150.70	127.27	148.55	177.70	185.14	159.60	187.33	231.28	269.07	250.91	3.71%
广西壮族自治区	61.02	104.78	121.84	122.40	92.06	108.64	105.91	116.43	231.59	208.13	232.52	183.60	183.71	164.90	212.68	200.46	249.55	423.09	16.21%
湖南省	215.27	260.88	198.13	161.41	189.69	128.47	121.80	81.98	155.94	81.96	114.66	168.59	203.58	161.30	188.93	171.74	174.60	239.76	6.04%
贵州省	56.30	54.26	52.67	88.76	92.76	79.37	65.89	98.57	212.44	175.65	340.99	219.95	252.71	244.97	228.80	244.54	217.82	198.22	13.75%
上海市	137.6	93.88	155.79	254.16	148.32	98.24	78.15	92.75	54.22	77.16	123.42	209.82	209.97	306.72	150.50	164.24	157.50	238.76	11.92%
河北省	128.26	191.31	220.25	94.00	112.75	60.98	102.77	113.94	174.66	132.06	156.19	132.70	152.10	139.06	172.70	206.81	120.33	192.90	9.47%
江西省	146.71	261.87	187.19	116.65	126.78	140.83	122.23	131.49	150.69	149.50	87.90	121.68	79.50	83.81	112.09	154.09	168.86	178.68	5.58%
山西省	95.64	89.18	90.00	116.37	88.59	113.47	91.24	118.00	121.64	273.07	245.21	185.31	151.73	148.68	131.99	132.24	131.64	150.27	6.64%
重庆市	109.32	135.12	84.76	119.14	206.51	251.58	176.63	123.86	141.80	118.57	166.71	160.66	135.62	89.26	135.00	89.84	153.68	137.79	7.98%
甘肃省	67.34	95.99	63.37	42.48	50.57	81.94	110.81	98.20	121.91	133.76	165.82	146.69	142.17	292.52	157.54	197.32	183.20	194.92	12.23%
天津市	106.56	96.27	109.54	92.54	55.35	56.24	33.38	110.81	43.64	43.01	62.28	210.41	237.61	250.92	239.54	240.63	161.20	171.32	20.57%
黑龙江	83.19	105.84	123.93	148.95	106.68	106.61	103.86	81.86	61.99	98.88	185.07	176.31	117.45	91.35	80.57	78.49	94.31	76.18	3.58%
新疆维吾尔自治区	18.29	24.73	34.50	29.21	49.98	56.26	45.18	41.54	41.50	116.38	120.34	134.10	142.99	158.25	192.86	103.73	157.09	234.07	23.76%
内蒙古自治区	74.34	35.02	83.49	77.14	169.00	113.75	71.50	68.98	122.73	93.24	68.45	93.22	82.82	100.56	86.09	105.05	117.06	119.18	12.84%
吉林省	53.87	94.02	56.09	59.87	60.52	71.30	79.79	72.85	47.61	81.05	84.16	48.29	47.43	58.67	83.11	133.26	151.05	164.19	12.11%
海南省	8.54	23.72	18.72	44.85	46.84	45.57	21.38	74.33	77.05	18.13	18.52	27.69	31.17	33.08	41.58	48.95	79.26	99.63	36.54%
宁夏回族自治区	13.29	4.71	11.06	9.60	14.26	25.66	80.02	28.86	37.10	16.94	12.97	7.42	14.79	12.82	11.47	16.72	6.41	24.23	34.06%
青海省	2.77	3.08	2.76	9.02	5.68	11.08	1.33	1.82	12.03	11.69	29.56	41.53	51.36	33.11	13.93	10.14	4.70	5.64	50.32%
西藏自治区	2.84	6.20	7.52	1.85	4.51	4.74	2.15	0.96	2.08	6.77	5.74	6.38	8.29	6.09	17.40	18.20	38.39	24.13	41.69%

图1-4　31个省、自治区、直辖市高校在建校舍建筑面积（单位：万平方米）

数据来源：教育部、国家统计局

从图1-4可以看出，全国各地区高校在建校舍建筑面积呈现出分布不均的特点。总体而言，东南沿海地区和中部地区高校每年在建校舍面积相对较多，而西部地区教育资源相对匮乏，每年在建校舍面积较少，但近18年来总体增速较快。

在各省、自治区、直辖市中，江苏是目前全国拥有普通高校数量最多的省，共167所，该省在2003～2020年的年均在建校舍建筑面积位列全国首位（年均349.5万平方米）。其次是陕西省（年均347.9万平方米）。由图1-4可以看出，陕西省近十年来在高校校舍建设方面的投入力度明显增大。2003～2020年的年均在建校舍建筑面积在全国排名第三至第五位的分别山东省（年均303.4万平方米）、四川省（年均297.3万平方米）和广东省（年均294.6万平方米），这些省份也都是普通高校数量较多的省份。

2003～2020年西部地区高校新校区建设普遍比东部地区建设更为迅速。青海省高校在2003～2020年的18年间，在建校舍建筑面积年均增速最快，年均增长率高达50.3%；其次是西藏自治区（年均增长率41.7%）、海南省（年均增长率36.5%）、宁夏回族自治区（年均增长率34.1%）以及云南省（年均增长率25.1%）。

（5）竣工建筑面积

2003～2019年全国高校基本建设当年竣工建筑面积如图1-5所示。

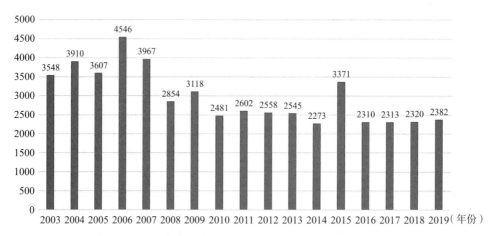

图1-5　2003～2019年高校基本建设当年竣工建筑面积（单位：万平方米）

数据来源：教育部、国家统计局

由图1-5可以看出，2003～2007年的5年间，全国高校基本建设当年竣工建筑面积均在3500万平方米以上，说明这段时间新校区建设速度相对较快。2006年之后，高校基本建设当年竣工建筑面积有所回落，特别是自2016年以来基本稳定在每年2300万平方米左右。

2.促进新时代高校建设项目高质量发展

我国高等教育进入普及化阶段后，作为高等教育高质量发展重要的物质载体和支撑条件，校园空间亟须在建设质量和管理水平两方面做出积极的调整。一是校园空间建设需要满足新建设标准要求和持续增长的空间需求。2018年9月1日，《普通高等学校建筑面积指标》正式实施。2019年我国高等教育毛入学率达51.6%，"十四五"期间要提高到60%，规划新校区、改造老校区、探索多校区办学模式仍是高等学校拓展办学空间、争取办学资源、延伸学科优势的重要手段。二是校园规划建设需要新理念、新技术、新材料、新工艺支撑。在高校校园规划建设中，校园设计尊重自然生态、注重使用绿色技术、加强能源综合利用、科学高效运营管理、全链条践行绿色发展已成为共识。海绵校园、BIM+GIS、装配式建筑、超低能耗建筑等新技术新材料新工艺在绿色校园实践中广泛应用。三是校园规划建设需要有效支撑校园智慧服务和保障。由于信息与数字化新技术的迭代与更新速度在加快，相对静态的校园空间如何更好跟上并适应这些技术升级，同时将其与新的教育与学习模式相结合，并落实包括图书馆、教学建筑、科研建筑、生活建筑在内的校园空间的各个部分，实现校园整体的智慧服务和保障能力的持续提升，是未来高等教育校园高质量发展面临的重要挑战。四是校园空间形态要促进学科交叉与技术融合。打破基于功能分区的传统校园规划布局，通过开放、共享、多元、复合等空间手法，以多层次的创新空间实践，打造适应学科交叉融合需求的新教学科研空间格局，正逐渐成为业界共识。

高校建设项目是为了能够满足学生和教职工学习、生活和工作的需求，是为了能够向我们的学生和教职工提供一个更加舒适、更加便捷的学习、生活和工作的环境，同时也是政府发展国家教育事业的重要投资[23]。高校建设项目管理者一直致力于推动教育系统贯彻落实国家生态文明建设要求，以绿色发展理念引领校园规划建设；致力于聚焦校园规划建设发展面临的重大问题，开展相关理论体系研究；致力于通过创建高校校园规划建设技术导则体系，将校园总体规划理念及绿色、智慧理念贯穿校园规划、设计、建设、运营与发展全过程中，指导校区规划设计和建设管理工作的系统化、规范化；致力于开展项目创新实践，打造面向未来的新型校园空间范式。探讨创新导向的校园空间规划设计理念，为新时期校园规划建设更好支撑习近平总书记提出的"四个面向"总要求提供理论支持和实践经验；致力于推动知识成果转化，研究制定绿色智慧校园指南体系；致力于汇聚智库力量，为学校高质量发展提供智力支持；致力于把握校园形态发展新趋势，推广先进案例，为校园规划建设工作提供有益参考；致力于扩大战线影响力，巩固品牌宣传阵地；致力于开展绿色公益科普教育活动、传播绿色生活方式等方面创新管理工作，但与新时代高校建设发展需求尚存在较大差距。满足高校建设项目高质量发展的需求，开展高校建设项目后评价，是适应新时代基建发展的必然趋势。

3.指导新时代高校建设项目可靠性决策

项目建设后的工作总结，不仅会有效提升建设项目本身的综合效益，而且可以有效提升后续项目的管理水准，对于实现建设项目的持续性投资优化、功能优化、质量优化、运维优化等也具有显著意义。因此，高校开展建设项目后评价工作，是总结提升高校建设项目管理能力的内在要求。

（1）新校区规划建设方面

经过近20年探索和发展，各高校积极拓展办学空间、改善办学条件，在新校区规划建设方面取得显著成绩。但同时也存在一些困难和问题，亟待进一步加强管理。

1）新校区功能定位不能完全吻合长远发展要求，管理协调成本高

一流大学多校区办学，一般需要经过数十年甚至更长时间发展，才能逐步形成多校区协调共生的生态体系，而影响多校区协调共生的关键因素是多校区办学管理模式能否与高校长远发展相适应。目前，我国高校多校区办学主要实行三类管理模式：一是纵切为主的"学科型"模式，合并重组类高校应用较多，特别是医科、农科类学科一般保留相对独立学科布局和管理权限。二是横切为主的"功能型"模式，自我扩张型高校的多校区办学普遍采用这种模式，按基础教学、科研、社会服务等功能，将低、中、高年级本科生和研究生相对分开。三是纵横结合的"混合型"模式，高校经过合并扩张后，对学科和功能布局进行优化调整。由于每一种模式均有各自的优缺点和适用范围，因此在新校区定位和规划时，只有立足长远，密切结合学校发展实际，合理设置校区功能定位，选择符合各方需求和能促进产学研一体化的管理模式，才能降低管理协调工作难度。

2）新校区建设资金需求巨大，部分高校筹资存有压力

据2016年有关部门摸底，各地仍有超过50所高校拟建新校区，近200所高校在建新校区，规划总投资超过5000亿元。新校区建设资金需求巨大，除去财政性资金投入和老校区土地置换获取资金后，资金缺口仍很大。若没有集中的外部支持，仅靠高校自身能力难以在短期内完成筹资任务。

3）部分高校新校区长期处于建设施工环境中，周边配套服务不尽完善

全国多数高校新校区建设均采用一次规划、分期实施的策略，由于建设周期前后长达十余年，容易造成校园长期处于大修大建的施工环境中，校园整体环境始终无法得到宁静滋养，校园文化积淀尚需长时间积累。同时，由于高校新校区大多地处市郊新城，周边文化、商业、交通等硬件配套设施和行政服务等软件管理水平与旧城区老校区相比较均易形成较大落差，高校新校区在较长时期内易成为"高地孤岛"。

4）新老校区空间距离远，人心融合文脉传承难

高校新校区选址多位于距离主城区较远的新开发片区。据统计，除百公里以上的异地办学校区外，42所"一流大学"建设的新校区距老（主）校区平均距

离26.2公里，省管高校主分校区平均距离15.3公里。一方面，遥远的空间距离大大增加了师资、教学、科研设备等重要教育资源的整合配置与共享成本。另一方面，跨校区的师生将大量时间消耗于路途，无形中减少了师生相处交流的时间。这既不利于新校区校园学术氛围的创建，也不利于校园文脉的传承与人文环境的塑造。

5）校际之间各成体系，相互资源共享困难

尽管各地高校在资源共建共享方面开展了有益探索，但从总体看，由于新校区多数处于市郊地区，出于加强校园保卫和安全管理的角度，各高校之间基本处于自成体系、自我完备状态，尚未形成较好的人员交流、课程互选、学分互认、公共服务设施（图书馆、体育馆等）等教育资源共建共享的方式和实现路径。针对高校之间公共资源共享与节约利用这一共性问题的破题之解便成为高校建设与管理工作的又一重大课题。

（2）既有校区新建改扩建方面

1）全国性高校建设规范和技术标准不完善

目前，全国或地方尚未出台一整套统一的高校建设规范和标准指导文件，使得一些高校对改扩建项目的顶层设计重视度不够，前期工作不够扎实，基本建设程序不够规范，组织实施不够严密，项目监管不到位，后评价走形式等现象时有出现，造成项目超支、实施进度滞后、质量不过关等问题。

2）部分高校校区改扩建规划建设思路的延续性不强

现阶段，除少数高校设有校园规划委员会外，绝大多数高校的校区建设仅由基建处负责。即使设有校园规划委员会，多数也仅是一个虚设机构，没有最终决定权。有些高校随着主要领导的更换，校园规划建设思路和设想也会随之变换，因而造成高校建设规划的延续性较差。特别是目前国家鼓励"智慧校园"建设的大背景下，不乏存在"急功近利"思想，盲目进行信息化项目扩建，在未进行充分的专家论证和事前评估的前提下仓促上马建设，出现投资估算缺项或漏项造成超概算的现象。

3）部分高校建设项目对学科交叉思维的体现和历史文化传承效果不理想

在既有校区进行新建、改扩建，是高校校园建设中十分重要的交叉学科课题，涉及城市规划、建筑学、环境学、教育学、社会学、管理学和心理学等学科。不少高校在对现有建筑和设施进行改造设计时，就改造论改造，缺乏全局观念，也缺乏跨学科思维和科学的规划指导，未能从长远角度综合考虑校园功能分区的总体布局，也没有注重对既有校园悠久历史和文化的传承，造成新建、改扩建后的建筑与整个校园的风格不统一、不协调。还有一些高校在新建、改扩建时缺乏以人为本的意识，仅关注于建筑某一单项使用功能的实现，忽视了师生之间、学生之间学术交流和群体活动等交往空间环境的构建。

4）对项目融资渠道研究不足

高校的既有校区新建、改扩建项目主要采用中央省级财政预算拨款、银行贷款、置换原有土地等方式解决建设资金问题。但由于项目投资额较大，大部分高校尤其是中小型院校建设资金来源有限，导致资金与合理建设之间存在矛盾。有时从使用功能规划及密度规划等方面考虑所需要的体量、高度和面积数，往往由于建设资金原因，不得不在层数和体量上进行妥协。这样，既达不到预期的使用效果，又白白损失了大量土地面积，使得建筑容积率偏低，更加剧了用地紧张程度。

5）对地下空间的利用不够充分

目前，大部分高校既有校区新建改扩建项目都是从地上和地面空间着手，忽视了地下空间的利用。开发利用地下空间，有助于土地多重利用，不仅能减少占地面积，优化校园功能，保护地面景观，增加绿地；而且地下冬暖夏凉的特性有利于建设节能校园。同时，开发利用地下空间，也有利于解决校园交通矛盾和校园停车场的供需矛盾。尽管地下空间开发的直接成本较高，通常约为地上建筑的2倍，考虑空间密度、地价等因素，开发利用地下空间经济上合理可行。地下空间的开发利用是校园发展的必然结果和可持续发展的重要途径。

第二章

高校建设项目
后评价指标体系

第一节 影响高校建设项目后评价指标的因素

一、高校建设项目本质特性因素

高校建设项目为高校的教育事业提供必要的教学科研等基础设施，服务群体为广大师生，是保证学校发展的重要基础条件[24]，因而其既不同于一般的工业与民用建筑项目，也不同于行政办公、商业文旅、医疗卫生、交通运输等公共建筑项目。高校建设项目具有独特的校园建筑特点和使用功能要求[25]。

1.公益性突出

高校建设项目主要服务于公共教育事业，以满足高校教学科研及师生的生活需求，大多数高校建设项目属于公益性项目或非营利性项目。因此，公益性是高校建设项目的基本属性。与经营性建设项目侧重经济效益不同，高校建设项目产生的经济效益难以直接计算，而主要体现的是社会效益。即使高校为解决供给、接待等问题而配套建设少量经营性场所，其主要目的也是为学术交流、产学转化等提供服务，并非用来营利。高校建设项目更多追求的是改善基本办学条件，努力做到安全可靠、经济适用、美观协调、绿色环保。

2.投资规模大

随着高等教育发展，尤其是高校扩招以来，为满足其办学条件，许多高校纷纷征地扩建或进行新校区建设，加大基础设施建设投入。高校在进行扩建、新建的同时，日常维修、装修工程持续不断，在基建投资中也占有相当比例。可以说，在高校支出中，基建投资占有相当大的比例[25]。

3.文化价值高

高校担负着先进文化、社会文明传承的历史责任和义务，高校建设项目作为学校文化传统的彰显载体，承载着不同时期师生的情感。高校建设项目不仅是高校厚重文化的再现，而且是一个地区、一座城市的文化价值所在。为此，对校园建筑形象提出了更高要求。

高校在扩建和新建时，需重视传统和原有的人文环境，新建建筑的创作需寻求与既有建筑的协调。尤其是在历史悠久的老校园建设中，不仅要强调新建建筑的个性，还要考虑原有校园的建筑文化特征与空间布局，延续和保护原有校园的文化特色和整体美感。

4. 功能复合化

高校学科专业众多，不同学科专业对建筑使用功能有着不同要求，高校建筑的使用功能呈多样化发展趋势。高校建设项目中的建筑功能复合程度高，多数是集教学、实验、科研、交流等多种功能于一体的综合性建筑。为此，在高校建设项目立项决策时，需要充分考虑建筑使用功能的科学合理配置。

5. 学科多元化

高校不同学科专业各有其特性，对建筑工艺要求也各有不同。尤其是科研实验类建设项目，工艺要求差异更大，需要在建筑造型及平面布局、结构形式、细部构造等方面进行不同的设计。同时，由于科研实验的复杂性和特殊性，使得这类建设项目的建筑标准和技术要求比一般建筑要高，在室内恒温、恒湿、隔声、净化及防潮、防尘、防震、防腐蚀等方面有严格要求，有的甚至涉及功能复杂、专业性强的生物技术研究设施，还要求防微生物扩散和人体防护等。

6. 工期约束严

高校每年教学周期相对固定，为了能在开学前使建设项目交付使用，往往对高校建设项目工期要求比较高。因为一旦无法按时交付使用，将严重影响学校正常的教学科研工作，并有可能产生社会舆情。如高校新校区建设，需要考虑学生入学后的住宿、饮食、教学、实验、交通等最基本的配套设施建设；为了解决扩招后学生的住宿问题，学校必须在新生报到前将配套的学生宿舍建成投入使用[25]。另外，除学生宿舍外，高校建设项目基本无法开展批量化（组件）生产，不同地区、不同类型高校及不同建设项目之间的可比性受到较大限制。由此可见，高校建设项目的工期控制远比一般建设项目重要。

7. 时代感强烈

现代大学汇聚着人才优势和高新尖设备，代表着先进文化的发展方向。为此，高校建设项目应保持先进性，与时俱进，充分利用高科技，向智慧化等方向发展。在建造校园建筑时，应充分考虑适应数字化、前瞻性技术要求，如综合布线、夹层地板、照明方式、系统空调、通信技术、防尘、防静电、防干扰、防灾害等措施，以及接收系统、传感系统、遥控系统、消防系统等，以满足教学科研对信息的快速反应和高质量服务要求[26]。

8.过程复杂性

高校建设项目特别是大型工程项目，投资建设周期长，影响因素多，有些因素具有不确定性和突发性，后果严重，从而导致工程项目的复杂性。主要表现为：

（1）工程项目交易及生产过程的复杂性

工程项目交易不同于一般商品的交易，具有先交易、后生产的典型特征。由于工程项目各参与方沟通中存在"信息孤岛"等问题，相关因素的不确定性和风险、高校期望的不明确性、工程设计的局限性、工程技术的复杂程度不断增大造成施工过程的难度加大等原因，导致工程项目交易及生产过程的复杂性[27]。

（2）工程项目组织的复杂性

由于工程项目的目标多、涉及面广、群体作业，因而参与项目工作的组织和人员也多。直接参与管理者，除了高校建设项目管理部门的人员外，还有咨询工程师、设计人员、勘察人员、设备供应相关人员、施工承包和分包单位人员、工程监理单位人员等，而且各方可能来自不同的国家或地区，存在一定的文化差异。此外，还涉及政府、金融、保险等机构，以及项目所在地的社会组织和相关群体等。这些都是项目的利益相关方，对项目的成效关系重大，也增加了项目管理的难度和复杂性[27]。

（3）工程项目环境的复杂性

工程项目的建设周期长，其间国际国内政治局势、社会、经济、法律、文化方面可能发生变化。另外，工程项目团队的上级组织和合作伙伴的组织也有可能发生变化，项目的建设条件和自然条件也可能发生变化，如地震、灾害等，工程项目的交付对象也可能发生变化，如功能或用途改变等。所有这些环境的变化，都会增加高校项目管理的复杂性[27]。

二、 新时代高校内涵式发展特殊需求因素

"内涵式发展"是一种发展理念，带有很浓厚的哲学意味，闪耀着辩证唯物主义、历史唯物主义的光芒，又是具体的、现实的发展战略，必须落实落地，转化为高校工作的动力、思路和办法[28]。

党的十八大报告中提出"推动高等教育内涵式发展"。2018年5月，习近平总书记在北京大学考察时再次深刻指出，"当前，我国高等教育办学规模和年毕业人数已居世界首位，但规模扩张并不意味着质量和效益增长，走内涵式发展道

路是我国高等教育发展的必由之路。"高等教育内涵式发展是以习近平同志为核心的党中央站在战略全局高度提出的一个重大课题，是中国特色社会主义进入新时代，社会主要矛盾转变对高等教育提出的必然要求，也是中国高等教育实现全面、协调、可持续发展的内在需要[28]。

随着"双碳"战略的提出，以及对于生态文明建设理念理解的不断深化，绿色智慧校园的内涵和外延都在不断深化与扩大，校园建设如何跟上并落实这些战略和理念的新要求，是未来校园规划建设面临的新挑战。

面对校园规划建设的新使命和新挑战，聚焦学校绿色发展，构建校园节能减排管理体系，积极推进绿色智慧新型校园规划建设，深化绿色学校创建行动，全面助力高等教育高质量发展。

党的十九大报告中强调，要"实现高等教育内涵式发展"。进入中国特色社会主义新时代，坚持内涵式发展已经成为高等教育的基本方针。今天的中国高等教育在整体规模和校均规模上实现了质的飞跃，在新的时代条件下，"内涵式发展"不再是追求传统的"规模效益"，而是具有更加丰富的内涵。要理解新时代中国高等教育的内涵式发展，就要在把握国家发展新的历史方位、坚持高等教育时代使命引领的基础上，以价值引领筑牢办学根基，以目标导向明晰发展思路，深入挖掘发展的内生动力，超越传统的数量和规模迭代，并通过强化精神支撑和优化资源配置，形成以质量提升为核心、办学规模与质量协调推进的发展道路[28]。

基于"内涵式发展"，新时代高校建设项目发展趋势为：

1.内涵式发展的路径——"有机增长、动态平衡"

走内涵式发展道路，首先要做到稳控规模。但内涵发展并不是完全不存在规模增长。一方面，中国高校与世界一流大学在顶尖人才、科研产出、资源规模等指标上还存在一定差距，还有追赶空间；另一方面，比照人口规模和发展阶段，与发达国家相比，中国目前的优质高等教育资源还相当稀缺。所以，未来一个时期，中国高校的规模仍然、也需要保持增长。

这种增长不同于传统路径中的规模扩大和数量增加，而是适度的、有机的。所谓适度，即规模增长要与资源的承受力相匹配，不能不顾实际地一味做加法，不能顶破资源约束和承载边界，过分透支高校未来的发展。比如，办学规模必须要考虑空间承载、教师力量、社会需求等约束条件，增设学科和交叉学科必须要考虑长远前景以及资源保障的持续性等。所谓有机，就是新的增长必须考虑与存量的关系，是存量的生长延伸、拓展跨越，要与存量之间形成"化学反应"，促进存量的质量提升。如学科布局要考虑高校的学科历史传统、学科优势，不能盲目追逐热点、随意布局，更不能重复建设[28]。

"适度""有机"的本质就是充分认识资源的稀缺性，通过科学配置，实现每一份资源产出效益最大化。这种配置不是静态的，而是要通过在结构和时间维度上的动态平衡来实现。在结构维度上，要充分认识到"如何增长"比"增长多少"更重要，做到有进有出、有所为有所不为，在控制规模的同时，不断优化结构，通过局部细节的优化和迭代，驱动整体质量的升级。在时间维度上，不能只关注眼下效益牺牲长远发展，在设计未来的增量时，必须进行严格的规划论证，为未来预留资源和空间，实现当前与未来各个阶段的有序优化[28]。

2.内涵式发展的资源—"多元支撑、强化保障"

资源是高校发展的必要保障，资源汲取能力是大学最重要的核心竞争力之一。过去20多年里，在国家和社会各界的大力支持下，中国高校的办学条件有了显著改善，办学经费持续增长。但面对建设高等教育强国和"双一流"建设的任务，与位居世界前列的顶尖大学相比，我们在资源的汲取能力，特别是资源规模、投入的持续性等方面还有差距[28]。

在"双一流"建设的关键期、建设高等教育强国的攻坚期，中国高校对各种资源特别是资金的需求量很大，因此要强化高校的竞争意识、服务意识、开拓意识，加强与社会的横向联系，深入挖掘自身的人才、科研、文化等优势，增强汲取、转化资源的能力，多渠道为学校发展提供资源保障。同时，要落实中央"过紧日子"的要求，勤俭办学、厉行节约、坚决反对铺张浪费。一定要把好钢用在刀刃上，始终聚焦学校主责主业，瞄准重大战略发展方向持续用力，不断提升稀缺资源的配置效率[28]。

三、新时代高校全生命周期项目管理需求因素

1.新时代高校建设项目责任和使命内在需求

高校建设项目项目管理，与建筑市场的建设项目管理一样，是指在建设项目的周期内，用系统全面的理性认识、正确的见解和方法，对建设项目进行有效的计划、决策、构造、沟通、掌控等科学的管理活动，从而完成建设项目既定的进度目标、成本目标、质量目标，使建设项目在有限的资源成本和固定的环境条件下，圆满地实现建设项目目标，实现最大的经济效益和社会效益。

高校建设项目不仅是高校教学、科研的物质基础，还关系到高等教育能否健

康地发展，也是国家整个基本建设的重要组成部分。高校建设项目管理工作是学校工作的重要组成部分。高校项目建设水平直接体现在高校办学的硬件设施方面，也是高校营造宁静的学习环境、构筑浓厚的学术氛围、形成别具特色的校园风貌的重要手段[29]。主要表现在以下几方面：

（1）支撑高等教育发展的需要

为促进高等教育迅速发展，使高校能够招收更多的学生，首先就要依靠基本建设[29]。教室、实验实习实训用房及场所、图书馆、室内体育用房、校行政办公用房、院系及教师办公用房、师生活动用房、会堂、学生宿舍（公寓）、食堂、单身教师宿舍（公寓）、后勤及附属用房等必须配置的十二项校舍和专职科研机构研究及办公用房、继续教育用房、国家或省部级重点实验室、教学陈列用房、产学研及创业用房、学术交流中心用房等选配校舍，是高校办学的基础性条件。为学校师生员工的教学、科研、学习、生活提供优质的用房和优雅的环境是高校建设项目项目管理的根本任务。

（2）适应现代化教育的需要

新时期高校的教学内容、教学方法发生了根本的改变，多媒体教学、远程教学、计算机网络教育等现代化教学手段，智能化程度高的基础设施成为当前高校项目建设的重点[29]。

（3）加强对外开放、交流的需要

现代教学、科研的重要特点之一就是加强多学科的合作，传递与日俱增的大量信息，这就需要通过基本建设为高校科研创造必要的物质条件，为开展学术交流、进行学术研究营造更为和谐、浓厚文化气息的环境，譬如建设实验室、科研中心、学术报告厅等[29]。

（4）指导其他基建工程管理的需要

高等院校大规模的建设活动与市场经济接轨，按基本建设程序办事，科学化、规范化地管理，使得高校基建管理水平日趋成熟。因此，其管理理论和实践必将为国家机关及企事业单位的基本建设提供指导[29]。

"百年大计，质量第一"，高校项目建设要以质量管理为核心任务。建筑产品的质量不同于一般产品，它是在先确定建筑功能情况下进行的一种耗资大、建筑周期较长、结构机体严密、整体性强、不能拆卸和搬移、寿命长的产品。高校师生绝大部分时间的生活、学习、休息都在建筑物内部，建筑产品的质量更将是涉及人身和财产安全的至关重要的因素，质量差会影响到师生的校园教学、生活，一旦造成房屋倒塌，更可能造成群死群伤的不堪局面。因此，对高校建设项目的质量要求更高更严，质量管理必须贯穿项目全过程[29]。

高校建设项目投资是教育投资的重要组成部分，国家教育投资的不足，导致基本建设投入亦不够，但大规模地扩招，又使高校基本建设设施刚性需求不断增加。就高校基建投资这种两难的境况，一旦基本建设投资如果再不能得到有效控制，那么将会更加影响或挤占学校的教学和科研资金投入，因此对高校基本建设投资管理工作提出了更高的要求[29]。

如何充分理解市场的运作规律和竞争形式，探索出符合高校自身特点的、行之有效的管理模式和管理方法，严格按照基本建设程序办事，对高校的基建工程项目进行质量控制、成本控制和进度控制管理具有重要的现实意义，也是高校项目建设管理工作者面临的一个重要课题[29]。

2. 新时期高校建设项目全生命周期项目管理内在需求

（1）新时期高校建设项目管理内容

通常，新时期高校建设项目建设周期可划分为四个阶段：工程项目立项和决策阶段、工程项目实施阶段（含准备阶段）、工程项目竣工验收与决算阶段、总结评价（含运行维护）阶段。大多数工程项目建设周期有共同的人力和费用投入模式，开始时慢，后来快，而当工程项目接近结束时又迅速减缓[30]。

1）工程项目立项和决策阶段

此阶段的主要工作包括：投资机会研究、初步可行性研究、可行性研究、项目评估及决策。此阶段的主要目标是对工程项目投资的必要性、可能性、可行性，以及为什么要投资、何时投资、如何实施等重大问题，进行科学论证和多方案比较。本阶段工作量不大，但却十分重要。投资决策是投资者最为重视的，因为它对工程项目的长远经济效益和战略方向起着决定性的作用。为保证工程项目决策的科学性、客观性，可行性研究和项目评估工作应委托高水平的咨询公司独立进行，可行性研究和项目评估应由不同的咨询公司来完成[30]。

2）工程项目实施阶段（含准备阶段）

①工程项目准备阶段

此阶段的主要工作包括：工程项目的初步设计和施工图设计，工程项目征地及建设条件的准备，设备、工程招标及承包商的选定、签订承包合同。本阶段是战略决策的具体化，它在很大程度上决定了工程项目实施的成败及能否高效率地达到预期目标[30]。

②工程项目实施阶段

此阶段的主要任务是将"蓝图"变成工程项目实体，实现投资决策意图。在这一阶段，通过施工，在规定的范围、工期、费用、质量内，按设计要求高效率地实现工程项目目标。本阶段在工程项目建设周期中工作量最大，投入的人力、物力和财力最多，工程项目管理的难度也最大[30]。

3）工程项目竣工验收与决算阶段

此阶段应完成工程项目的竣工验收与决算[30]。竣工验收是指当工程项目全部完成，符合设计要求，并具备竣工图表、工程结算、竣工财务决算等必要文件资料时，项目主管部门或建设单位向负责验收的单位提出竣工验收申请报告。竣工验收是投资成果转入生产或服务的标志，竣工验收合格后方可投入使用，标志着工程项目建设即告结束。

4）总结评价（含运行维护）阶段

此阶段为工程项目的收尾总结阶段。从工程项目管理的角度看，在保修期间，仍要进行工程项目管理，但主要工作应围绕项目的总结评价展开。项目后评价是指对已经完成的项目建设目标、执行过程、效益、作用和影响所进行的系统的、客观的分析。它通过对项目实施过程、结果及其影响进行调查研究和全面系统回顾，与项目决策时确定的目标以及技术、经济、环境、社会指标进行对比，找出差别和变化，分析原因，总结经验，汲取教训，得到启示，提出对策建议，通过信息反馈，改善投资管理和决策，达到提高投资效益的目的[31]。项目后评价是此阶段工作的重要内容。

（2）新时期高校建设项目全生命周期管理的特点

1）整体性。传统的项目管理模式强调阶段的划分和顺序性，承担各阶段服务的组织只关注自己的领域，对整个系统考虑不够。而全生命周期管理模式由项目总负责人领导，从决策阶段开始就考虑项目的全生命周期，从全局出发对项目整个管理过程进行集成管理和监督，充分体现出项目管理的整体性[32]。

2）集成性。全生命周期管理模式的集成包括信息的集成和管理过程的集成。信息的集成是指不同管理过程需要进行大量的信息传递和反馈，利用计算机网络等辅助工具通过数据库的方式实现不同管理过程之间的数据集成。管理过程的集成是指以信息集成为基础，通过数据库管理系统实现工程项目生命周期内的集成管理[32]。

3）协调性。全生命周期管理模式的协调性是指人才的综合集成，强调管理人员之间的协调和沟通是非常重要的。由于全生命周期管理模式是对项目生命周期内各个阶段管理的有机集成，因此，如何保证不同阶段的管理人员服务于整体目标，实现在分布环境中群体活动的信息交换和共享并对项目全生命周期内的管理进行动态调整和监督显得至关重要。

4）并行性。传统的项目管理模式为串行，前一阶段的工作未完，后一阶段的工作就无法展开。而全生命周期管理模式的管理过程则是并行进行的，在决策、设计、实施阶段考虑运行阶段的需求，减少运行阶段对决策、设计等前期阶段的更改反馈[33]。

（3）新时期高校建设项目全生命周期管理的目标

新时期高校建设项目全生命周期管理程序是指工程项目从策划、选择、评估、决策、设计、施工到竣工验收与决算、投入生产或交付使用的整个建设过程中，各项工作必须遵循的先后次序，是工程建设过程客观规律的反映，是工程项目科学决策和顺利进行的重要保证[34]。

建设项目全生命周期项目管理是一种先进的管理思想，其核心是把工程项目立项和决策、工程项目实施（含准备阶段）、工程项目竣工验收与决算、总结评价（含运行维护）等各个阶段纳入统一管理，追求的目标是项目全生命周期的整体最优，而非局部优化。前期立项和决策是控制项目全生命周期费用的决定性阶段，它决定了项目整个生命周期的大部分费用。因此，在项目立项和决策阶段应将项目全生命周期范围的前期投入、建设投入、运行维护成本、故障成本以及退役成本等进行综合考虑，即决策应以项目全生命周期费用最优作为评价方案优劣的依据。

高校建设项目全生命周期管理是一种全过程的管理，其管理思想应贯穿于项目的准备阶段、立项阶段、可行性研究阶段、勘察阶段、设计阶段、招标阶段、施工阶段、工程结算阶段、竣工财务决算阶段等各阶段的管理。各阶段的管理工作既相互独立又相互依存，上阶段管理工作的好与坏直接影响下阶段管理工作是否能够顺利进行。因此，高校建设项目管理不但在项目前期应贯彻全生命周期管理理念，在工程项目立项和决策、工程项目实施（含准备阶段）、工程项目竣工验收与决算、总结评价（含运行维护）等项目的各个阶段也都必须以全生命周期最优作为管理决策的依据。

（4）新时期高校建设项目全生命周期管理的内在要求

1）要通盘把握一次投资和长期运行维护费用，寻找其最佳的结合点，实现最经济的资源消耗。

一次投资和长期运行维护费用这一对矛盾一直是困扰在高校工程项目建设中的重要决策问题。需要通过实施项目全生命周期管理，在项目的决策阶段就将项目一次投资和运行维护费用进行统一考虑，以实现项目全生命周期费用最优为目标，寻找二者之间的最佳结合点。从而改变割裂一次投入与运行维护费用关系、片面追求项目一次投资最低的做法，以更加有效地实现项目全生命周期各个阶段的衔接。

2）要实现一部分外部经济效果的内部化，从而减少因外部不经济行为带来的浪费。

外部经济效果是指某种经济活动对活动主体的外部环境所产生的影响，这种影响很难以市场交换的形式来量化评价。外部经济效果的模糊性正是诱导人们对集体理性做出逆向选择的一大动因。对高校而言，某种经济效果是否产生外部经济效果，不仅与其作用的对象有关，也与这种效果作用的时间跨度有关。如环境污染问题，短期看可能对污染的制造者而言只是一种负面的外部经济效果，但时间跨度延长到一定程度，可能污染制造者也会蒙受损失，这时外部经济效果就内部化了。高校在工程建设项目中，对环境治理和绿化的投资、对公共基础设施的投资等都涉及外部经济效果的问题[35]。

3）要充分发挥数据信息共享的优势，通过有效的界面管理和富有前瞻性的决策，实现资源节约和项目增值。

贯彻全生命周期管理的思想，应在项目决策阶段就充分考虑到项目全生命周期内各种可能的使用模式，为功能改变预留工作接口，并利用共享数据库减少设计、施工中的大量重复劳动，就可大大降低费用[36]。另外，要通过项目全生命周期管理，明确界定各个部门在项目生命周期内所处的位置及其管理界面。并通过信息及时反馈实现项目闭环管理，加强项目决策过程的前瞻性，以进一步提升管理水平。

第二节　高校建设项目后评价指标体系的架构和内容

评价指标体系是由一系列指标，按照一定的规则，相互补充又相互独立地组成的，它是各种投资产生效益的表现，反映了一个项目的投入、产出、目标之间的因果与影响关系，使得这个项目的效益和成绩能够应用统一的尺度进行计量，并能与自身的不同时点及其他项目进行对比。因此，在选取评价指标时应遵循客观性、科学性、可操作性、可比性、权威性、完整性等基本要求，全面、真实地反映出建设项目的真实水平和可能存在问题[37]。

一、设计高校建设项目后评价指标体系遵循的原则

评价指标体系是项目后评价工作成果的体现，是反映后评价工作内容和结果的重要量化工具。评价指标体系的设立应遵循的原则有[38]：

1.系统性原则

指标体系应能全面反映建设项目的综合情况，从中找出主要方面的指标，既能反映直接效果，又能反映间接效果，以保证综合评价的全面性与可信度。

2.指标可测性原则

指标含义明确，计算指标所需的数据资料便于收集、计算方法简便、易于掌握。

3.指标与目标的相关性原则

目标是项目期望在宏观或高层能实现的要求，指标往往是操作层面的可度量的或可感知的结果。只有多个指标的实现才能实现项目的总目标，因此要求指标与目标一定要有某种程度的相关性，指标的实现一定要对目标的实现做出实质性的贡献。切忌选用与项目目标无关的指标[38]。

4.定量指标与定性指标结合使用的原则

用定量指标计算，可使评价具有客观性，便于用数学方法处理；与定性指标结合，又可弥补单纯定量指标评价的不足，以防失之偏颇[38]。

5.绝对指标与相对指标结合使用的原则

绝对指标反映总量、规模，相对指标反映某些方面的强度或密度。

6.层次性原则

指标要有层次性，综合评价指标体系可包括多个层次的指标，指标的设立要与目标所处的层次相关。选定指标后，需要制定相应的判别准则，作为评价尺度。定量指标应有量的标准，定性指标只设有定性的描述。

7.主次分明原则

指标之间应尽可能避免明显的关联和重叠关系。对立隐含的相关关系，要在模型中用适当的方法消除。指标的设置要有重点。重要方面的指标可设置细些，次要方面可设置粗些，指标的覆盖范围宽些。

二、 可借鉴的项目后评价内容及指标体系

1.《北京市发展改革委政府投资建设项目后评价试行办法》

北京市发展和改革委员会于2006年制定了《北京市发展改革委政府投资建设项目后评价试行办法》，该办法将建设项目后评价指标体系分为一般性指标和特殊性指标。

一般性指标包括项目审批管理后评价指标、项目实施内容后评价指标、项目功能技术后评价指标、资金管理后评价指标、经济效益后评价指标、公共效益后评价指标以及根据需要采用的其他后评价指标。一般性指标分为一级指标和二级指标，指标具体情况见表2-1。

北京市政府投资建设项目一般性指标　　　　　　　　　表2-1

一级指标	二级指标	指标简要说明
审批管理后评价	项目审批的合规性	该指标是考核从实际情况来看，当初项目审批的依据、程序和方法是否正确、科学、客观，审批的内容正确与否及其实现程度
	项目管理的科学性	该指标是考核项目实施过程中，各项管理制度的实际执行情况，项目管理是否规范、科学，是否符合政府投资建设项目管理要求
实施内容后评价	实施内容完成任务量	该指标是将考核的实际工作量与项目立项计划应完成的工作量进行对比，考核其实现程度
	实施内容完成质量	该指标是根据国家、行业有关质量标准以及项目立项时的质量目标与考核的实际工程质量状况相对比考核其实现程度
	实施内容完成进度	该指标是将项目实际工作进度与计划进度进行对比，考核其进展程度和及时性
功能技术后评价	项目用途	该指标主要是考核项目完成后实用性和功能用途的满足程度
	项目工艺技术	该指标主要是考核项目实际采用的工艺技术流程和技术装备与计划的偏差程度
	项目达标（产）	该指标主要考核项目完成后，实际达标（产）能力与计划值的偏差程度
资金管理后评价	资金管理的规范性	该指标主要是考核项目资金管理制度是否健全，执行是否有效，是否符合政府投资资金管理的相关规定，资金违纪率的大小等
	资金的使用效率	该指标主要是考评政府投资使用效率及资金滞留情况
	配套资金筹措能力	该指标主要是考核项目单位对政府投资的配套能力、筹措能力及配套资金的到位情况等
经济效益后评价	投入产出效益	该指标是考核成本费用效益的高低，投入产出等经济合理性，并与其立项目标相比较其实现程度
	直接经济效益	该指标是考核项目实施所产生的直接经济效益，并与立项目标的直接经济效益相比较，考核其实现程度

一级指标	二级指标	指标简要说明
经济效益后评价	持续经济效益	该指标是考核项目实施后在未来年度里持续性发挥作用产生经济效益的能力,对于一些项目可考核其建成后的使用价值,并与立项目标相比较其未来实现的能力
	间接经济效益	该指标是考核项目实施所产生的间接经济效益,主要是指投资对经济发展的拉动作用,并与立项目标的间接经济预测相比较,考核其实现程度
公共效益后评价	社会效益	该指标是考评项目实施所产生的社会综合效益,并与立项计划社会效益目标相对比,考核其实现程度
	生态效益	该指标是考评项目实施对生态所产生的积极或消极影响,并与立项计划生态效益目标相对比,考核其实现程度
	扶贫减灾/劳动就业/协调发展/统筹城乡发展效益等	该指标是根据不同类型建设项目的特点,考核其实施后在扶贫减灾、劳动就业或协调发展、统筹城乡发展等方面的效益,并与立项目标相对比,考核其实现程度
	可持续性影响	该指标是考评项目实施后,对人、自然、资源等方面的可持续影响,并与立项计划可持续发展目标对比,考核其实现程度

特殊性指标,需根据政府投资的不同方式、项目的不同类型、后评价的重点和管理要求,设置不同的指标。

不同类型的项目后评价应选用不同的重点评价指标。具体项目后评价的指标和方案,由后评价工作组或受托后评价机构,在现场调研的基础上,根据项目特点进行编制[39]。

一般性指标包括项目审批管理后评价指标、项目实施内容后评价指标、项目功能技术后评价指标、资金管理后评价指标、经济效益后评价指标、公共效益后评价指标,以及根据需要采用的其他后评价指标。

特殊性指标,需根据政府投资的不同方式、项目的不同类型、后评价的重点和管理要求,设置不同的指标。

不同类型的项目后评价应选用不同的重点评价指标。具体项目后评价的指标和方案,由后评价工作组或受托后评价机构,在现场调研的基础上,根据项目特点进行编制[39]。

2.《公路建设项目后评价报告编制办法》

为使后评价报告编制工作规范化、科学化,交通部1996年制定了《公路建设项目后评价报告编制办法》。该办法将后评价指标体系分为过程评价、效益评价、影响评价和目标可持续性评价,见表2-2。

<table>
<tr><td colspan="2" align="center">公路建设项目后评价指标</td><td align="right">表2-2</td></tr>
</table>

一级指标	二级指标
过程评价	前期工作情况和评价
	项目实施情况和评价
	投资执行情况和评价
	运营情况评价
	管理、配套及服务设施情况和评价
效益评价	国民经济效益评价
	财务效益评价
	资金筹措方式评价
影响评价	社会经济影响评价
	环境影响评价
目标持续性评价	外部条件对项目目标持续性的影响
	内部条件对项目目标持续性的影响

3.借鉴的其他后评价内容与指标体系

除上述后评价内容与指标体系外，还可借鉴天津理工大学高喜珍、韩洁发表的《公共工程项目后评价内容及指标体系》中的公共工程项目后评价内容及指标体系，见表2-3。

<table>
<tr><td colspan="2" align="center">公共工程项目后评价内容及指标体系</td><td align="right">表2-3</td></tr>
</table>

评价内容	评价指标
目标	目标合理性
	目标实现程度
过程	决策科学性
	审批合理性
	设计合理性
	项目管理科学性
	资金管理规范性
效益	微观效益评价
	宏观效益评价
影响	经济影响
	社会影响
	环境影响
可持续性	内部持续性
	外部持续性

三、高校建设项目后评价指标体系框架、层级构造

以人民为中心的发展思想，坚定不移贯彻创新、协调、绿色、开放、共享的新发展理念为指导，参考相关的后评价指标体系和绿色建筑评价体系，同时结合高校建设项目的特点，筛选出符合项目共性特征，具有较强的普遍性和适用性、通用于各类建设项目后评价的基础性指标，并将基础性指标按目标和功能进行逐层次归类细化，构建适用于高校建设项目后评价的指标体系框架，为高校相关的决策部门在制定建设项目后评价指标体系时提供一个新的思路[40]。

1.高校建设项目后评价内容框架的确定

后评价内容框架的确定是构建后评价指标体系的基础，以项目全生命周期为主线，通过项目功能分析分解项目目标；以项目目标为指向，针对项目全生命周期各个阶段，层层解析后评价内容特征，从三维空间的角度建立不同级别的后评价内容[40]。

构建的后评价内容框架见表2-4。

高校建设项目后评价内容框架　　　　　　　　　表2-4

一级内容	二级内容
项目过程评价	立项决策评价
	建设实施评价
	竣工验收与决算评价
	运行维护评价
	建设管理评价
项目效果评价	建设规模效益评价
	功能效果评价
	经济效益评价
项目可持续性评价	生态效益评价
	社会效益评价

（1）项目过程评价

对建设项目全生命期各里程碑阶段的实施过程进行全面系统地分析和评价。如各项工作内容是否按既定目标完成，工作程序是否符合要求，项目实施条件、决策依据、解决方案是否正确等。

（2）项目效果评价

针对项目每个实施层次对下一层次的作用结果或影响进行的评价，包括影响评价和效益评价。其中，影响评价是指针对项目产出对目的和目标所产生的作用进行评价；效益评价是指针对项目产出所需的投入或对目的和目标的贡献程度进行评价。

（3）项目可持续性评价

项目可持续性评价反映项目对自身、经济、社会、资源环境的影响与可持续性效果。

2.高校建设项目后评价指标体系框架设计

根据高校建设项目后评价内容、指标体系构建指导思想、思路与原则，构建包括项目过程评价、项目效果评价、项目可持续性评价指标体系的三个指标子系统的高校建设项目后评价指标体系。该指标体系可分为总目标层、准则层、指标层三个层次，见图2-1。

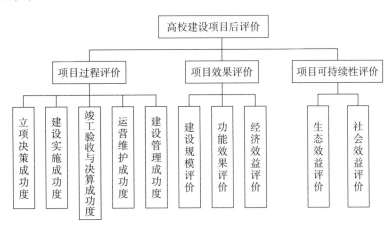

图2-1 后评价指标体系框架图

第一层次，后评价的总目标层。后评价是对高校建设项目的社会、经济、技术、环境、管理等多种因素的综合价值进行全面的权衡、比较和评价，该层主要明确高校建设项目后评价指标体系设置、评价的总方向。

第二层次，评价的准则层。准则就是衡量事物价值的标准或原则。在一个指标体系中，同一层次的元素作为准则对下一层次的某些元素起支配作用，同时它又受上一层次元素的支配，从而构成一个递阶的层次关系。准则层包括"项目过程评价""项目效果评价""项目可持续性评价"。

第三层次，指标层。指标体系的最底层一般称为指标层，指标一般用来衡量项目目标的实现程度。指标层由其上一层的准则层进行支配。根据对后评价内容范围的界定，设计了准则层下的一级指标层。

3.高校建设项目后评价指标体系指标层分类设计

构建完高校建设项目后评价指标体系框架后，在对文献资料进行整理、归纳、分析的基础上，再根据后评价内容范围，按目标和功能对指标层进行逐级归类细化，设计各级评价指标。

（1）项目过程评价

按照建设项目全生命周期理论，建设项目的过程分为立项决策阶段、建设实施阶段、竣工验收与决算阶段、运行维护阶段等四个阶段，并通过项目管理来统筹协调衔接上述四个阶段。项目过程评价用成功度表示，包括立项决策阶段成功度、建设实施阶段成功度、竣工验收与决算阶段成功度、运行维护阶段成功度和建设管理成功度。

1）立项决策阶段成功度

项目的决策过程，包括从编制项目建议书到项目立项审批过程中的各项工作，是基本建设程序中一个重要组成部分。项目决策过程的费用支出不大，但所需时间较长，而且其工作质量的好坏对项目效益的高低影响重大，甚至可以从根本上决定项目的成败。因此，对决策过程工作的后评价是整个过程评价中的重点[40]。

决策过程评价主要评价立项条件和决策依据是否正确，决策程序是否符合规定，决策阶段各项工作的完成情况，以及检查有无遗漏工作等。决策过程主要从定性的角度进行评价。

2）建设实施过程成功度

建设实施过程由设计过程、计划准备过程与实施过程三部分组成。

①设计过程成功度

设计过程评价主要是总结、评价工程规划、工程勘察和工程设计等工作的完成质量和效果，分析各项工作的出发点和开展思路是否科学合理，考虑的因素是否全面等。

②计划准备过程成功度

计划准备阶段从施工招标投标开始到现场开工为止。计划准备过程评价指标有项目管理组织有效性、项目实施计划编制水平、准备工作水平。

项目管理组织有效性是从项目组织管理的角度考察组织领导工作是否得力、各项工作制度和岗位责任明确落实的情况、组织结构的设置是否有利于沟通。

项目实施计划编制水平主要考察项目总体实施规划、详细的实施计划的编制水平。

准备工作水平主要考察场地的拆迁、平整情况，施工所需的道路、水、电、气、通信等的条件准备工作情况，工程现场临时设施搭设情况，图纸会审与技术交底情况[40]。

③实施过程成功度

项目实施过程是项目财力和物力集中投放和耗用过程，也是固定资产逐步形成的时期，它对项目能否发挥投资效益有着十分重要的意义，项目实施阶段的管理在整个项目管理中占有十分重要地位，同时又是最为复杂的活动，因为它不仅要处理好建设单位与计划部门、主管部门之间关系，还要处理好与施工单位、监理单位、设备物资供应商等各参建单位的关系。

实施过程评价的指标有质量、进度、成本控制水平，合同管理水平，安全管理水平，信息管理水平等。

3）竣工验收与决算成功度

竣工验收与决算是全面考核项目建设成果，检验项目立项决策、勘察设计、施工安装水平，总结项目建设经验的重要环节，同时也是项目从建设实施到投入运行的衔接转换阶段。

竣工验收与决算评价的重点包括各专项验收、联合验收、工程档案验收、工程结算、竣工财务决算的组织实施情况。

4）运营维护成功度

建设项目运营过程包括从项目投产到项目生命期末的全过程。运营过程成功度从定性角度进行评价，指标有运营准备工作水平、生产运行水平、运营及管理水平。

可供选择的三级评价指标可以根据具体项目的特点设计。

5）建设管理成功度

管理制度评价主要包括制度完备性、岗位责任制落实情况及监督反馈机制等方面。建立完善的管理制度是顺利实现建设项目开展的前提和重要保障，同时也是提高建设整体管理水平的重要手段。

（2）项目效果评价

项目效果评价是针对项目每个实施层次对下一层次的作用结果或影响进行的评价，包括影响评价和效益评价。

1）影响评价

影响评价是针对项目产出对目的和目标所产生的作用进行评价，涵盖了建设规模评价与功能效果评价两部分。

建设规模评价包括学校的办学条件、建筑规模以及投资规模三部分；功能效果评价由主体功能评价与其他功能评价两个部分。

2）效益评价

效益评价即针对项目产出所需的投入或对目的和目标的贡献程度进行评价，包括财务效益评价和国民经济效益评价。

财务效益评价从财务角度出发，根据项目投入运行后的实际财务数据，与项目评价中预测的财务效益指标进行对比，分析两者偏离的原因，以对财务评价做出结论，吸取其经验教训，提高今后项目财务预测水平和项目微观决策科学化水平。

国民经济效益评价是站在国家整体的角度，根据国民经济长远发展目标和社会需要，按照资源合理配置的原则，分析评估项目对国民经济发展战略目标和社会福利的实际净贡献，衡量项目在经济上的合理性。

（3）项目可持续性评价

建设项目都是在一定的区域内进行的，城市的建设、地区的发展都是通过建设项目实现的，所以建设项目的可持续发展是最重要，也是最具体的。建设项目特别是大型的或特大型的项目是经济、社会、文化和环境大系统的一部分，按照科学发展观的要求，项目必须具有可持续发展的能力。对建设项目的可持续发展能力的评价应作为建设项目后评价的重要内容之一。

建设项目的可持续发展有十分丰富的内涵。项目作为人们改造自然的活动，它的可持续发展不仅体现物质和精神的和谐、人与自然的协调、物质世界和精神世界的统一；而且符合辩证唯物主义的发展观和向历史负责的精神，反映建设项目的伦理道德[40]。

建设项目的可持续性应包含项目自身的可持续发展能力和项目对国家或地区可持续发展的贡献两层含义。其中：

1）项目自身的可持续发展能力

主要包括建设项目产品和服务功能的稳定性和持续性，能长期地适合要求；建设项目更新能力，如建设项目功能的更新、建设项目结构的更新、建设项目物质的更新等，以及建设项目的功能定位和形象设计能够满足将来社会发展、人们的生活水平提高、人们审美观念的变化、科学技术进步与增长方式的转变的需要；功能上不仅满足目前的需要，同时应有远见卓识[40]。

2）项目对国家或地区可持续发展的贡献

项目对国家或地区可持续发展的贡献涉及的评价内容为外部持续发展因素。

主要包括经济增长的可持续性、社会发展可持续性和资源环境可持续性。

因此，可持续发展评价指标体系是由项目自身可持续性、经济增长可持续性、社会发展可持续性、资源环境可持续性等方面的指标构成。分别反映项目对自身、经济、社会、资源环境的影响与可持续性效果。

四、高校建设项目后评价指标体系的内容

1.高校建设项目后评价指标的分类

各高校的事业规模、行政管理模式、管理能力和水平存在较大差异，依据对国内现有建设项目后评价指标体系实践情况的调研发现，《北京市发展改革委政府投资建设项目后评价试行办法》将建设项目后评价指标体系分为一般性指标和特殊性指标，比较符合高校建设项目后评价指标体系的架构。

2.高校建设项目后评价内容及指标体系

依据上面确定的高校建设项目后评价内容框架，充分考虑到高校建设项目项目特点，构建了高校建设项目后评价内容及指标体系。

不同类型的项目后评价应选用不同的重点评价指标。具体项目后评价的指标和方案，由后评价工作组或受托后评价机构，在现场调研的基础上，根据项目特点进行编制。高校建设项目一般性评价指标及评价内容见表2-5。

高校建设项目一般性评价指标及评价内容　　表2-5

一级指标	二级指标	三级指标	评价内容
项目过程评价	立项决策评价	项目立项评价	高校发展目标和校区（或建筑）功能定位
			项目设立的必要性和可行性
			校园及建设规划的符合性
			项目建议书校内决策报批程序
		项目可行性研究评价	项目建设的必要性和可行性
			项目建设方案比选
			项目投资估算和筹资方案
			项目节能分析
			项目社会稳定风险
			项目规划设计条件
			环境影响评价
			项目可行性研究报告深度
			项目可行性研究报告校内决策报批程序

一级指标	二级指标	三级指标	评价内容
项目过程评价	立项决策评价	项目可行性研究评价	项目可行性研究报告评估
			项目可行性研究报告报批报备
	建设实施评价	报批报建评价	土地使用文件
			建设用地规划许可证、建设工程规划许可证
			施工许可证
			"未批先建"情况
		勘察设计评价	勘察单位选定
			勘察任务书
			勘察过程
			勘察报告
			勘察结果应用
			设计单位选定
			设计任务书
			设计过程
			方案设计
			初步设计及概算
			施工图设计
			设计成果完成情况
		招标采购评价	招标采购方式
			招标代理选定
			招标文件质量
			招标文件公平性
			招标文件发放
			资格审查
			评标过程
			评标结果
			招标采购投诉举报处理
		开工准备评价	施工图设计文件审查
			施工组织设计文件
			现场施工条件
			开工手续
		施工过程评价	质量管理
			进度管理

一级指标	二级指标	三级指标	评价内容
项目过程评价	建设实施评价	施工过程评价	造价管理
			安全生产管理
			合同管理
		工程监理评价	项目监理机构人员配备
			监理规划及监理实施细则
			监理工作
			监理档案资料
	竣工验收与决算评价	竣工验收评价	专项验收标准、验收程序
			专项验收时间
			专项验收原始资料
			工程质量评定
			联合验前预验收
			专项验收申报资料
			现场联合验收
			工程档案文件
			工程档案预验收
			工程档案移交
	竣工验收与决算评价	工程结算评价	工程结算的时效性
			工程结算资料质量
			工程结算审计机构
			工程结算审计报告
			工程质量保证金
			工程结算审核报告质量
			工程收尾
			遗留问题处置
		竣工财务决算评价	竣工财务决算的时效性
			竣工财务决算资料质量
			竣工财务决算编制的合规性
			竣工财务决算报告质量
			竣工财务决算报表质量
			竣工财务决算审计机构
			竣工财务决算审核报告质量
	运行维护评价	运行管理评价	运行管理机构

一级指标	二级指标	三级指标	评价内容
项目过程评价	运行维护评价	运行管理评价	工程档案资料移交
			运行管理规章制度
			建（构）筑物维修保养
			运行管理考核
			师生满意度
		设施设备管理评价	设施设备管理制度
			设施设备管理人员配置
			设施设备管理手段
			设施设备维修保养情况
			设施设备管理考核
	建设管理评价	管理制度评价	基本建设纲领性制度
			立项报建管理办法
			规划设计管理办法
			工程造价管理办法
			招标采购管理办法
			合同管理办法
			施工管理办法
			变更管理办法
			工程价款支付管理办法
			竣工验收与决算管理办法
			党风廉政建设和风险防控管理办法
		项目管理创新评价	项目过程管理创新
			勘察设计奖项
			设计成果奖项
			工程质量奖项
			工程装饰奖项
			绿色建筑、节能奖项
			其他领域奖项
			"四新"（新技术、新材料、新设备、新工艺）技术的应用
		信息化管理评价	信息管理规划和管理制度
			建设项目全生命周期信息综合处理平台
			基于互联网的项目管理、信息交互以及协同工作平台
			协同设计平台

一级指标	二级指标	三级指标	评价内容
项目过程评价	建设管理评价	信息化管理评价	成本处理软件或平台
			质量、进度、安全软件或平台
			财务管理软件或平台
			项目运行维护阶段信息数据的收集和处理系统
			项目档案数字化和集成化处理平台
			其他项目信息化管理平台
		廉政与风险防控评价	廉政风险教育工作台账
			廉政风险教育活动
			廉政风险防控协作机制落实情况
			岗位风险防控机制
			"一岗双责"落实情况
			廉政问题查处情况
项目效果评价	建设规模效益评价	办学规模评价	基本办学条件指标
			监测办学条件指标
		建筑规模评价	建筑面积（必配校舍项目）
			建筑面积（选配校舍项目）
			使用面积
			使用面积系数
			容积率
			建筑规模指标变化率
		投资规模评价	项目建议书阶段投资偏差率
			可行性研究阶段投资偏差率
			初步设计阶段投资偏差率
	功能效果评价	主体功能评价	关注高校的办学产出，即高校建设项目能否为人才培养提供足够的建筑空间和功能
		其他功能评价	社会功能评价
			配套功能评价
			基础设施功能评价
	经济效益评价	财务效益评价	重点关注高校建设项目的财务状况
		国民经济效益评价	社会费用—效益分析
			建设周期分析
			固定资产交付使用率分析
项目可持续性评价	生态效益评价	资源节约评价	节地
			节材

一级指标	二级指标	三级指标	评价内容
项目可持续性评价	生态效益评价	资源节约评价	节水
			节能
		环境协调评价	自然地理环境协调评价
			生态环境协调评价
			人文环境协调评价
		环境影响评价	环境影响的一致性
			环境保护措施的有效性
			环境风险预案的完备性
	社会效益评价	高校基本职能分析	教学职能——传播知识和技术，培养人才 科研职能——创造知识和技术，推动人才、科研成果及科技产品形成 服务职能——面向社会，服务社会

第三节　高校建设项目过程后评价影响因素研究

　　高校建设项目全生命周期涵盖立项决策、建设实施、竣工验收与决算、运行维护等阶段。实践表明，每一阶段的工作质量和管理效果，都会影响项目的建设目标和投资效益，决定着项目成败。因此，高校建设项目过程评价应对项目立项决策、建设实施、竣工验收与决算、运行维护等各阶段的工作质量及管理水平进行评价，总结项目的成功经验或失败教训，促进高校提高建设项目管理水平和投资效益，为教育主管部门制定相关政策和分配投资提供科学依据。

　　进行高校建设项目全过程各个阶段后评价时，还要关注项目管理制度、项目管理创新、"四新"技术应用、信息化管理水平、项目风险防控等内容。完善的项目管理制度不仅是顺利实施高校建设项目的基本前提和重要保障，同时也是提升高校建设项目管理效率和水平的重要手段。项目管理创新和"四新"技术应用，对于提高工程建设质量和投资效益具有重要意义。项目管理创新包括项目实施过程管理创新及有关建筑奖项（包括绿色建筑、节能建筑奖项等），"四新"技术应用则是指新技术、新材料、新设备、新工艺的推广和应用。当前，在项目管理中应用建筑信息模型（Building Information Modeling，BIM）、地理信息系统（Geographic Information System，GIS）、物联网、移动互联网与人工智能等现代信息技术，已成为提升项目管理水平的重要手段。此外，项目风险防控对于促进高校建设项目全过程规范化管理，防止项目实施中的不规范或违规操作，保证高校建设项目高效、安全、廉洁有着十分重要的作用。

对于上述内容的后评价，可以在立项决策、建设实施、竣工验收与决算、运行维护等相应阶段进行总结评价。对于特点鲜明、创新突出的项目，也可作为独立章节进行单独描述。

一、立项决策评价影响因素

立项决策阶段的主要工作内容包括：项目建议书编制，项目可行性研究报告编制及评估，以及项目审批、核准或备案。因此，高校建设项目立项决策评价的重点在于项目设立的必要性和可行性、项目可行性研究的充分性，以及项目审批过程的合法合规性。

1.项目立项评价影响因素

项目立项阶段的主要成果是项目建议书。项目建议书是项目筹建单位或项目法人就某一具体建设项目向项目审批部门提出的书面申请材料。高校建设项目建议书需要基于高校发展目标和校区（或建筑）功能定位、校区建设规划等编写，虽然不是项目立项决策的直接依据，但它是项目审批部门综合评估后决定是否进行项目可行性研究的依据。

项目建议书评价是要分析评价高校建设项目项目建议书的编制过程和结果，与项目建议书的主要内容相对应，总结目标达成度及经验和启示。项目立项评价影响因素参见表2-6。

项目立项评价影响因素　　　　　　　　　　　　　　　表2-6

序号	评价因素	评价内容
1	高校发展目标和校区（或建筑）功能定位	高校发展目标、校区（或建筑）功能定位是否清晰明确
2	项目设立的必要性和可行性	项目设立的必要性和可行性分析是否科学全面
3	校园及建设规划的符合性	项目设立是否符合校园规划及校园建设规划
4	项目建议书校内决策报批程序	项目建议书是否符合校内决策流程并经集体决策，是否按规定履行报批程序

2.项目可行性研究评价影响因素

项目决策阶段的主要工作是在项目建议书基础上组织项目可行性研究，编制项目可行性研究报告、项目可行性研究评估等。项目可行性研究是项目立项决策阶段的重要工作内容，是指在项目决策前，通过对与建设项目有关的技术、经济等各方面条件和情况的调查研究，在对各种可能的建设方案进行比较论证的基础上，分析评价项目建成后经济效益、社会效益和环境效益的过程，需要从项目建设和运行全生命期综合分析评价项目的可行性。可行性研究阶段编写的项目可行性研究报告经工程咨询机构评估后，最终为项目立项决策提供直接依据。项目可行性研究评估侧重于项目建设的必要性、建设条件、建设规模、主要技术标准和技术方案、建设工期、总投资及资金筹措，以及经济效益、节能环保、社会效益、社会稳定风险等。

项目可行性研究评价是要分析评价高校建设项目可行性研究报告及其咨询评估的过程和结果，与项目可行性研究报告的主要内容相对应，总结目标达成度及经验和启示。项目可行性研究评价影响因素参见表2-7。

项目可行性研究评价影响因素 表2-7

序号	评价因素	评价内容
1	项目建设的必要性和可行性	项目建设必要性和可行性是否经过充分论证
2	项目建设方案比选	是否进行多方案比选评审
3	项目投资估算和筹资方案	项目投资估算是否编制合理，筹资方案是否切实可行
4	项目节能分析	项目节能分析是否全面准确
5	项目社会稳定风险	项目社会稳定风险分析是否全面准确
6	项目规划设计条件	是否取得规划设计条件
7	环境影响评价	是否编制环境影响评价文件并及时履行报批手续
8	项目可行性研究报告深度	项目可行性研究报告的编制是否达到相应深度
9	项目可行性研究报告校内决策报批程序	项目可行性研究报告是否符合校内决策流程并经集体决策，是否按规定履行报批报备程序
10	项目可行性研究报告评估	项目可行性研究报告是否按规定履行评估程序，评估过程是否公正公平，评估结果是否科学
11	项目可行性研究报告报批报备	项目可行性研究报告是否取得上级主管部门备案或批复意见

二、建设实施评价影响因素

项目经立项决策后，即进入建设实施阶段。建设实施阶段的主要工作内容包括：办理相关报批报建手续，进行勘察设计、招标采购及施工。因此，高校建设项目建设实施后评价的重点在于项目报批报建的合法合规性，以及勘察设计、招标采购及施工的科学合理性和安全可靠性。

1.报批报建评价影响因素

按规定办理项目报批报建相关手续，是高校建设项目顺利实施的必要条件。项目报批报建主要包括土地使用权、环境影响评价、建设用地规划许可、建设工程规划许可及施工许可等相关手续。其中，项目环境影响评价需要在项目立项决策阶段进行，因此，此处主要考虑土地使用权、建设用地规划许可、建设工程规划许可及施工许可等报批报建手续的后评价。

项目报批报建评价的重点在于高校是否依法履行报批报建程序，有关部门办理审批手续的依据是否充分。项目报批报建评价影响因素参见表2-8。

项目报批报建评价影响因素　　　　　　　　表2-8

序号	评价因素	评价内容
1	土地使用文件	是否按规定办理建设项目选址意见书等土地使用文件
2	建设用地规划许可证、建设工程规划许可证	是否及时办理建设用地规划许可证、建设工程规划许可证
3	建筑工程施工许可证	是否及时办理建筑工程施工许可证
4	"未批先建"情况	是否存在未办理相关手续先行开工建设情况

2.勘察设计评价影响因素

勘察设计是项目建设实施过程的重要环节，勘察设计成果是项目施工的主要依据，在很大程度上决定了整个项目的建设成本和工期，以及项目竣工后的实际使用效果。总体而言，勘察设计评价的侧重点是勘察设计质量是否得到保证，勘察设计过程中的关键程序是否切实履行。

（1）勘察工作评价影响因素

工程勘察是指为满足工程建设规划、设计、施工等需要，研究和查明拟建项目场地的地质地理环境特征，对地形、地质及水文等状况进行测绘、勘探测试，并提供相应成果和资料的活动。勘察评价应包括勘察单位选定、勘察过程及勘察成果的分析评价，具体评价影响因素参见表2-9。

勘察工作评价影响因素　　　　　　　　表2-9

序号	评价因素	评价内容
1	勘察单位选定	勘察单位是否按法律法规及相关要求选定，选定的勘察单位资质、能力等是否与工程勘察需求相匹配
2	勘察任务书	勘察任务书是否表达明确、内容充分，提交勘察成果等时间节点设置是否合理
3	勘察过程	勘察过程是否符合相关标准规范
4	勘察报告	勘察报告内容是否真实、科学，勘察质量是否满足工程设计及施工需求

序号	评价因素	评价内容
5	勘察结果应用	工程施工中的地质条件是否与勘察结果相一致

（2）设计评价影响因素

工程设计是通过提供有技术依据的设计文件和图纸，对拟建项目在技术上和经济上所进行的全面而详尽的安排。工程设计既是相对独立的一个阶段，同时也会延伸到工程施工和竣工验收与决算阶段。工程设计所提供的设计文件和图纸，是组织工程施工的直接依据。设计评价应包括设计单位选定、设计过程及设计成果的分析评价，具体评价影响因素参见表2-10。

设计工作评价影响因素   表2-10

序号	评价因素	评价内容
1	设计单位选定	设计单位是否按法律法规及相关要求选定，选定的设计单位资质、能力等是否与工程设计需求相匹配
2	设计任务书	设计任务书是否表达明确、内容充分，提交方案设计、初步设计、施工图设计等时间节点设置是否合理，限额设计要求是否明确（如果有）
3	设计过程	设计过程是否符合相关标准规范；设计变更是否流程闭合
4	方案设计	设计方案是否经过比选及优化
5	初步设计及概算	初步设计及概算是否履行相应审批程序，工程概算是否在批复范围内
6	施工图设计	施工图设计是否达到相应深度，是否满足施工需要，是否存在指定设备或材料情况
7	设计成果完成情况	各阶段设计成果是否按时提交并达到预期目标
8	专项设计	绿色建筑、海绵城市等专项设计完成情况
9	功能优化情况	除了完成既定的使用功能以外，功能布局、交通流线、以人为本等是否还有优化空间

3. 招标采购评价影响因素

由于多数高校建设项目属于政府投资建设项目，通常会通过招标采购选择勘察、设计、施工、监理、材料设备供应等单位。因此，这里的招标采购是指勘察招标、设计招标、施工招标、监理招标、材料设备采购招标等。招标采购评价的侧重点在于招标采购方式的选定是否合法合规，招标采购过程是否公正、公平、公开。招标采购评价影响因素参见表2-11。

4. 开工准备评价影响因素

开工准备工作是否充分，将直接影响项目后续各阶段工作内容的完成和项目总体目标的实现。建设单位、施工单位、监理单位都会有各自的开工准备工作，

招标采购评价影响因素　　　　　　　　　　表 2-11

序号	评价因素	评价内容
1	招标采购方式	招标采购方式的选定是否合法合规，是否按照上级部门核准意见执行招标方式，是否存在肢解发包、规避公开招标的情况
2	招标代理选定	招标代理机构的选定是否符合法律法规及相关要求，招标代理机构的能力是否与招标采购需求相匹配
3	招标采购文件质量	招标采购文件内容是否完整，是否全面、准确地表述项目情况和招标人要求，招标控制价是否在批复或批复的工程概算范围内
4	招标采购文件公平性	招标采购条件是否科学合理，是否能体现出竞争性；评标办法是否经集体决策；是否存在违规设置条件、排斥潜在投标人情况
5	招标采购文件发放	是否依法依规公开发布招标公告；是否存在干扰投标报名或延期接受投标报名等情况；是否违规透露投标人信息；是否存在现场踏勘和招标答疑未及时通知所有投标人的情况
6	资格审查	对投标人的资格审查是否严格执行资格审查条款；是否有效排除挂靠、借用资质等情况
7	评标过程	是否按照法定要求开标；是否按照评标办法，客观公正实施评标；是否按照规定选定招标采购人代表；是否存在招标采购人代表以各种方式影响专家评标的情况
8	评标结果	是否按规定公示评标结果；是否存在未按评标委员会推荐的中标候选人顺序确定中标人情况；选定中标人的理由是否充分；选定中标人是否经集体决策；是否按规定发出中标通知书
9	招标采购投诉举报处理	是否存在依法依规的投诉、举报；是否认真调查并按规定逐级汇报调查情况

但工作侧重点有所不同。其中，建设单位的开工准备工作最为重要。

　　开工准备评价主要是分析评价工程参建各方的开工准备工作策划深度，对困难的预期是否周全，对实现项目目标所采取的保障措施是否妥当等。开工准备评价影响因素参见表 2-12。

开工准备评价影响因素　　　　　　　　　　表 2-12

序号	评价因素	评价内容
1	施工图设计文件审查	施工图设计文件是否经具备条件的施工图审查机构审查，且正式的施工图设计文件审查报告是否存档；设计单位对施工图设计文件审查意见是否有回复
2	施工组织设计文件	是否有合理实用的施工组织设计文件；是否按规定程序进行审查
3	现场施工条件	施工现场"三通一平"工作是否在施工合同签订前；现场施工条件是否达到开工要求
4	开工手续	工程质量安全监督手续是否及时办理妥当；施工许可证是否及时办理妥当；开工报告是否及时报送监理单位批准，监理单位是否及时签发工程开工令

5.施工过程评价影响因素

施工过程是最终实现工程设计意图并形成工程实体的阶段，涉及各生产要素的实际投入和作业技术活动的实施，也是工程质量、进度、造价、安全等目标实现的重要阶段。施工过程后评价的重点内容应包括质量管理、进度管理、造价管理、安全生产管理及合同管理，具体评价影响因素参见表2-13。

施工过程评价影响因素 表2-13

序号	评价因素	评价内容
1	质量管理	是否实行五方主体质量终身责任制度，项目负责人是否签订《质量终身责任承诺书》，建设单位是否建立质量终身责任档案；是否建立健全项目质量管理体系；是否按设计图纸和施工规程进行施工，质量控制点的设置和检测是否符合规范要求；是否发生过工程质量事故，是否及时对工程质量事故进行妥善处理；工程材料、产品、设施、设备是否满足要求；工程质量检查验收是否全部合格；工程验收资料是否齐备且可追溯
2	进度管理	施工进度总体目标安排是否合理，进度目标分解及主要里程碑描述是否清晰；施工进度计划图表是否齐全，是否按规定经监理单位审核；是否严格执行施工进度计划，是否建立进度偏差预警机制；发现施工进度偏差后采取的纠偏措施是否得力；项目实际开竣工日期与计划开竣工时间之间是否存在偏差
3	造价管理	是否编制详细的建设资金使用计划，且严格执行资金使用计划；是否建立变更管理制度，并建立相关工作流程及表单；工程价款支付相关管理规定是否健全且落实；工程预付款、工程进度款、工程结算款的支付额度、支付时间及审核流程是否符合合同约定和相关规定；工程质量保证金的扣留和返还时间、额度、方式及流程是否符合合同约定和相关规定；是否实行了全过程造价控制机制，是否对成本进行有效管控，工程最终结算价款与预算造价之间是否存在偏差
4	安全生产管理	安全生产管理机构及岗位设置是否按规定到位，施工现场安全生产管理体系是否建立健全；安全教育培训及检查制度是否建立并严格执行；危险性较大的分部分项工程是否按规定编制专项施工方案并严格执行；生产安全事故应急预案是否制定到位并有演练；建设单位安全文明施工费用是否及时足额拨付，施工单位是否足额专项投入；是否有生产安全事故发生且进行妥善处理
5	合同管理	是否建立健全合同管理相关制度、工作流程和表单；是否设置专门的合同管理岗位，相应管理职责是否明确；合同的完备性及财务、法律风险是否进行审核；合同签订程序及补充协议签订流程是否符合相关规定；合同条款是否全面履行；索赔与争议处理程序是否符合相关规定
6	文明施工管理	是否建立文明施工责任制；施工场地是否平整、交通畅通、排水良好、标识清晰；临水、临电和临时设施是否管理有序；施工材料、设备、垃圾、渣土等管理是否良好；保卫、消防和生活卫生等管理是否符合规定

6.工程监理评价影响因素

根据我国工程监理相关规定，高校建设项目施工通常实行监理制度。工程监理对于保证高校建设项目的目标实现具有重要作用，通过工程监理后评价，可为后续项目监理工作提供指导性意见。工程监理评价影响因素参见表2-14。

工程监理评价影响因素   表 2-14

序号	评价因素	评价内容
1	项目监理机构人员配备	项目监理机构人员配备是否符合监理投标文件及合同约定，能否满足项目监理工作需求
2	监理规划及监理实施细则	监理规划及监理实施细则内容是否符合项目监理需求，审批流程是否符合相关规范要求
3	监理工作	监理工作是否按监理合同约定实施；"三控两管一协调"（质量、造价、进度控制，合同管理和信息管理，工程建设相关方关系协调）职责是否履职到位，安全生产管理的法定职责是否履职到位
4	监理档案资料	监理档案资料是否完整，质量和要素是否满足相关要求

三、竣工验收与决算评价影响因素

竣工验收与决算评价可分为竣工验收评价、工程结算评价和竣工财务决算评价。

1.竣工验收评价影响因素

竣工验收是全面考核项目建设成果，检验项目立项决策、勘察设计、施工安装水平，总结项目建设经验的重要环节，同时也是项目从建设实施到投入运行的衔接转换阶段。竣工验收评价的重点包括各专项验收、联合验收和工程档案验收的组织实施情况，具体评价影响因素参见表 2-15。

竣工验收评价影响因素   表 2-15

序号	评价因素	评价内容
1	专项验收	
1.1	专项验收标准、验收程序	消防、规划、防雷、节能、环保和电梯等专项验收是否符合施工合同、设计文件及相关标准规范要求，是否符合国家、行业和地方有关规定
1.2	专项验收时间	是否符合既定进度计划时间要求
1.3	专项验收原始资料	是否准备齐全，有无隐瞒和作假现象
1.4	工程质量评定	有无主观臆断和人情因素
2	联合验收	
2.1	联合验收前预验收	是否按国家、行业和地方有关规定程序、进度安排组织验收并通过
2.2	专项验收申报资料	是否按时间要求申报，且所报资料是否一次性"合格或齐全"
2.3	现场联合验收	是否认真严谨，有无流于形式；是否一次通过

序号	评价因素	评价内容
3	工程档案验收	
3.1	工程档案文件	是否符合国家有关工程勘察、设计、施工、监理等方面的技术标准规范；是否真实、准确、完整，且与工程实际相符；是否字迹清楚、图样清晰、图表整洁、签字盖章手续完备
3.2	工程档案预验收	是否按时通过
3.3	工程档案移交	移交至档案管理机构的时间是否符合规定

2. 工程结算评价影响因素

工程结算是指工程竣工验收合格后，建设单位与工程承包单位进行的工程价款最终结算。工程结算评价是对建设项目结算工作所进行的一种系统全面客观的分析评价，主要包括工程结算审计及审核质量、工程收尾和遗留问题处置的分析评价。具体评价影响因素参见表2-16。

工程结算评价影响因素 表2-16

序号	评价因素	评价内容
1	工程结算审计及审核质量	
1.1	工程结算审计机构	承担工程结算审计的机构是否具备相应资质和能力
1.2	工程结算的时效性	工程结算资料报送是否及时
1.3	工程结算资料质量	工程结算报告的编制方法、范围、标准是否合法合规；工程结算资料中的工程量核定单、工程定额套价、各项费用及规费、设计变更、洽商及现场签证、材料价款调整、索赔费用等资料是否真实、完整、准确
1.4	工程结算审计报告	工程结算审计报告出具是否及时
1.5	工程结算审核报告质量	工程结算审核报告的编制方法、范围、标准是否合法合规，签字盖章是否齐全；是否认真梳理了工程管理中出现的问题，并提出相应建议
2	工程收尾和遗留问题处置	
2.1	工程收尾	工程收尾工作是否完备
2.2	遗留问题处置	工程遗留问题是否确定了处理方式和期限

3. 竣工财务决算评价影响因素

竣工财务决算是指在工程竣工验收交付使用阶段，由建设单位编制的项目从筹建到竣工验收、交付使用过程中实际支付的全部建设费用。竣工财务决算反映建设项目的最终价格，是建设单位财务部门汇总固定资产的主要依据。竣工财务决算后评价主要分析评价竣工财务决算过程、竣工财务决算报告及报表质量、竣工财务决算审核报告质量等，具体评价影响因素参见表2-17。

序号	评价因素	评价内容
1	竣工财务决算过程	
1.1	竣工财务决算的时效性	竣工财务决算的编制是否及时
1.2	竣工财务决算资料质量	竣工财务决算所需资料是否完整、真实、准确
1.3	竣工财务决算编制的合规性	固定资产入账依据是否充分，是否有将不具备竣工财务决算编制条件的项目提前或者强行编入竣工财务决算；账务处理是否正确，会计核算是否合法合规
2	竣工财务决算报告及报表质量	
2.1	竣工财务决算报告质量	竣工财务决算报告内容和格式是否合法合规
2.2	竣工财务决算报表质量	竣工财务决算报表内容和格式是否合法合规，填列的数据是否完整、准确，表间勾稽关系是否正确
3	竣工财务决算审核报告质量	
3.1	竣工财务决算审计机构	竣工财务决算审计机构是否具备相应资质和能力
3.2	竣工财务决算审核报告质量	竣工财务决算审核报告内容是否齐全，审核报告说明书编制是否合法合规；审核报告表中所列数据是否完整、准确，表间勾稽关系是否正确，是否与竣工财务决算报告相一致
4	竣工财务决算报批	
4.1	竣工财务决算报批	竣工财务决算是否报批；报批程序是否合规；办理手续是否及时等

四、运行维护评价影响因素

运行维护评价是指根据项目实际运行维护数据，以项目预期目标为基础，找出差距并分析原因，评价高校建设项目运行维护内外部条件，如使用功能要求变化、政策变化、管理制度及管理水平、技术条件等，预测未来项目发展趋势，从而为项目后续运行维护提供指导。运行维护评价可分为运行管理评价和设施设备管理评价。

1.运行管理评价影响因素

运行管理评价主要包括运行管理机构设置、工程档案资料移交、运行管理规章制度、运行管理考核、建（构）筑物维修保养及师生满意度调查等方面。具体评价影响因素参见表2-18。

2.设施设备管理评价影响因素

设施设备管理评价主要包括设施设备管理制度、设施设备管理人员配置、设施设备管理手段、设施设备维修保养、设施设备管理考核等方面，具体评价影响因素参见表2-19。

运行管理评价影响因素   表2-18

序号	评价因素	评价内容
1	运行管理机构	运行管理机构是否及时接管；运行维护人员配置数量、职位设置是否合理；运行维护人员培训和内容是否合理
2	工程档案资料移交	工程档案资料移交是否全面有效，并履行相应程序
3	运行管理规章制度	是否制定并执行完善、规范的运行管理规章制度
4	建（构）筑物维修保养	建筑物、构筑物维修保养情况是否良好
5	运行管理考核	项目运行记录资料是否完整、内容是否齐全；是否有相应的运行管理考核制度并落实
6	师生满意度	师生作为用户对项目的满意度

设施设备管理评价影响因素   表2-19

序号	评价因素	评价内容
1	设施设备管理制度	是否制定必要的设施设备运行管理和维护制度
2	设施设备管理人员配置	设施设备管理人员结构是否合理并持证上岗
3	设施设备管理手段	是否利用设施设备管理系统实施管理
4	设施设备维修保养情况	设施设备维修保养情况是否符合要求
5	设施设备管理考核	是否有相应的设施设备管理考核制度并落实

五、建设管理评价影响因素

1.管理制度评价影响因素

建立完善的管理制度是顺利实现建设项目开展的前提和重要保障，同时也是提高建设整体管理水平的重要手段。完善的管理制度不仅可以简化管理过程，还能够提高管理效率。管理制度评价主要包括制度完备性、岗位责任制落实情况及监督反馈机制等方面。管理制度评价影响因素参见表2-20。

管理制度评价影响因素   表2-20

序号	评价指标	评价内容
1	基本建设纲领性制度	是否建立涵盖基本建设各环节管理的纲领性校级制度文件，例如《**大学基本建设管理办法》
2	立项报建管理办法	是否建立含有项目建议书的编制及报批立项、可行性研究报告评估及报批；项目前期报建、项目实施过程中报建、项目竣工报验等内容的立项报建方面的制度
3	规划设计管理办法	是否建立含有勘察、设计、图审等内容的规划设计方面的制度

序号	评价指标	评价内容
4	工程造价管理办法	是否建立含有可研阶段投资估算审核、初步设计概算审核、工程量清单编制、施工过程中及工程结算造价管理方面的制度
5	招标采购管理办法	是否建立含有招标采购范围、招标采购方式及限额标准、组织程序、申报程序等内容的招标采购制度
6	合同管理办法	是否建立含有合同审批、签署、备案、履行及变更、交接及归档、合同纠纷等内容的合同管理制度
7	施工管理办法	是否建立含有施工质量管理、施工工期进度管理、施工安全管理等内容的施工管理制度
8	变更管理办法	是否建立含有变更申请及审批、工程签证和工程洽商等内容的变更管理制度
9	工程价款支付管理办法	是否建立含有工程款支付、工程质保金支付、工程建设其他费支付、工程规费借款等内容的工程款支付制度
10	竣工验收与决算管理办法	是否建立含有竣工验收与决算、工程移交等方面的竣工验收与决算制度
11	党风廉政建设和风险防控管理办法	是否制定本单位的党风廉政建设方面的制度；是否建立建设项目重点部位、关键环节风险防控管理方面文件

2.项目管理创新评价影响因素

项目管理创新对于提高工程质量，加强工程投资效益具有极其重要的意义。项目管理创新评价主要包括项目过程管理创新、建筑奖项和"四新"技术应用等方面。"四新"技术应用应符合下列条件：技术水平先进，经实践证明在降低成本、提高劳动生产率、提高产品质量、节约原材料、降低能耗、改善劳动条件，减少污染等方面有显著作用；技术成熟，且具有良好的经济效益和社会效益；"四新"技术经过施工单位实践验证，依靠施工单位自身技术力量能够组织实施和推广应用的技术成果。项目管理创新评价影响因素参见表2-21。

项目管理创新评价影响因素 表2-21

序号	评价指标	评价内容
1	项目过程管理创新	项目过程管理中应用了哪些管理方法，明显提高了工程质量、进度，节省资金的效果，例如：信息化集成建设、总包集中管理、深化责任成本管理、深化设计、人员管理方面的创新等
2	勘察设计奖项	项目在勘察设计领域是否获得国际级、国家级、省部级、地市级的奖项
3	设计成果奖项	项目在设计成果领域是否获得国际级、国家级、省部级、地市级的奖项
4	工程质量奖项	项目在工程质量领域是否获得国际级、国家级、省部级、地市级的奖项
5	工程装饰奖项	项目在工程装饰领域是否获得国际级、国家级、省部级、地市级的奖项

序号	评价指标	评价内容
6	绿色建筑、节能奖项	项目在绿色建筑、节能奖项领域是否获得国际级、国家级、省部级、地市级的奖项
7	其他奖项	项目是否在其他领域获得国际级、国家级、省部级、地市级的奖项
8	"四新"技术的应用	项目建设过程中是否有"四新"技术，即：新技术、新材料、新设备、新工艺的推广和应用

3.信息化管理评价影响因素

项目管理信息化是指建设项目对国内外同类信息资源的开发和利用，以及信息技术在建设项目管理中的开发和应用。高校建设项目信息化管理评价主要评价建设项目从前期决策开始到竣工运行维护全过程是否采用一系列方法和手段，对项目进行有条理、有效的管理，并且对项目进行优化，完善项目档案。信息化管理评价影响因素参见表2-22。

信息化管理评价影响因素　　　　表2-22

序号	评价指标	评价内容
1	信息管理规划和管理制度	是否制定完整的信息管理规划、管理制度并落实
2	建设项目全生命周期信息综合处理平台	是否建立涵盖整个项目全面的信息综合处理平台
3	基于互联网的项目管理、信息交互以及协同工作平台	是否采用了数字化办公、网络办公等信息化管理手段
4	协同设计平台	参建各方是否通过信息处理平台协同设计（比如BIM）
5	成本处理软件或平台	采用成本处理软件或平台来处理建设项目概算、预算、结算等造价问题
6	质量、进度、安全软件或平台	主要指建设项目建设过程中针对质量、进度、安全等方面是否采用信息化处理软件和平台
7	财务管理软件或平台	是否采用财务管理软件或平台，包括日常财务管理以及竣工财务决算等
8	项目运行维护阶段信息数据的收集和处理系统	主要指建设项目运行维护阶段是否建立信息数据的收集和处理系统
9	项目档案数字化和集成化处理平台	主要指项目资料电子化存档
10	其他项目信息化管理平台	由被评价单位提供支撑材料

4.廉政与风险防控后评价影响因素

项目廉政与风险防控对促进高校建设项目高效、安全、廉洁运行，推动建设项目全过程规范化管理，推进建设项目全过程信息公开，不断强化校内外监督，以制度约束权力，用程序规范管理有着十分重要的作用。廉政与风险防控评价影响因素参见表2-23。

廉政与风险防控评价影响因素   表2-23

序号	评价指标	评价内容
1	廉政风险教育工作台账	是否建立廉政教育工作台账，记录廉政教育的计划安排、阶段总结以及开展教育的时间、地点、参加人员、教育内容、研讨发言等情况
2	廉政风险教育活动	是否定期举办廉政风险教育活动，可以采取举办培训班、报告会、廉政党课、专题研讨、廉政展览、警示教育等多种形式
3	廉政风险防控协作机制落实情况	学校纪检监察、审计、财务、工会等部门是否参与基建项目管理过程
4	岗位风险防控机制	是否制定明确的岗位责任分工；是否明确岗位责任主体；是否实现风险岗位定期轮岗
5	"一岗双责"落实情况	是否落实处级岗位责任清单，并签订处级干部廉政责任风险承诺；是否落实关键岗位责任清单，并签订廉政责任书
6	廉政问题查处情况	是否存在被查处的廉政问题

第四节　高校建设项目效果评价影响因素研究

高校建设项目效果评价不同于项目过程评价，二者的关注点有着本质区别。高校建设项目过程评价是以"过程"为导向的后评价，重点关注高校建设项目立项决策、建设实施、竣工验收与决算、运行维护等各阶段的工作质量及管理水平；高校建设项目效果评价则是以"结果"为导向的后评价，重点关注高校建设项目在后评价时点已取得的效益和效果。高校建设项目效果评价可包括规模效益、功能效果、经济效益等方面的评价[41]。

对于高校建设项目效果定量分析部分，通常会设置变化率指标来计算效果评价指标的变化程度，以此来分析高校建设项目效果评价指标在后评价时点的实际值（或预测值）相对于投资决策阶段预估值的偏差程度。效果评价指标变化率通用计算公式为：

$$效果评价指标变化率=\frac{效果评价指标后评价值-效果评价指标预估值}{效果评价指标预估值}\times100\%$$

一、建设规模效益评价影响因素

对高校建设项目而言，建设规模主要是指学校办学规模、校舍占地面积、建筑面积、层数、层高及投资规模。因此，建设规模效益评价可从学校办学条件、建筑规模和投资规模三方面展开。

1.办学条件评价影响因素

高校建设规模效益评价首先要关注学校办学条件。达到基本的办学规模和条件，是维持高校正常的教学、生活秩序，保证高等教育教学质量和规模的基本要求。基于《普通高等学校建筑面积指标》（建标191-2018），普通高等学校校舍由学校必须配置的校舍项目、学校根据需要选择配置的校舍项目和国家规定建设的民防工程等组成，其中教室、实验实习实训用房及场所（以下简称实验实习用房）、图书馆、室内体育用房、校行政办公用房、院系及教师办公用房、师生活动用房、会堂、学生宿舍（公寓）、食堂、单身教师宿舍（公寓）、后勤及附属用房共十二项，是学校办学的基本条件，其建设规模与十二项办学条件指标是否吻合是评价学校办学条件的核心内容。同时参考《普通高等学校基本办学条件指标（试行）》（教发〔2004〕2号）和《中国教育监测与评价统计指标体系》（2020年版），普通高等学校的基本办学条件指标包括基本办学条件指标和监测办学条件指标。其中，基本办学条件指标会影响高校能否达到基本办学条件及高校招生规模；而监测办学条件指标作为基本办学条件指标的补充，可反映高校基本办学条件的改善、更新情况。与高校建设规模相关的办学条件评价影响因素见表2-24。

高校办学条件评价影响因素 表2-24

评价因素	具体评价内容
基本办学条件指标	生均教学行政用房（m²/生） 生均教学科研仪器设备值（元/生）
监测办学条件指标	生均宿舍面积（m²/生） 百名学生配教学用计算机台数（台） 百名学生配多媒体教室和语音实验室座位数（个） 新增教学科研仪器设备所占比例（%）

基于以上评价指标，办学条件评价指标变化率的计算公式为：

$$办学条件评价指标变化率 = \frac{后评价时点指标值 - 可行性研究或初步设计指标值}{可行性研究或初步设计指标值} \times 100\%$$

基于办学条件评价内容变化率，可评价高校办学规模偏差情况。根据办学规模偏差情况分析产生原因，并采取有效措施使高校办学条件与教学科研需求相协调。

2.建筑规模评价影响因素

建筑规模评价是指对比分析后评价时点，高校建筑规模实际值相对于投资决策及设计阶段预估值的偏差程度，并分析实际偏差产生的原因。

（1）建筑规模指标

通常用建筑面积来表示高校建筑规模。此外，也可用使用面积等指标来表示特定类型校舍建筑规模。

1）建筑面积。建筑面积一般是指建筑物（包括墙体）所形成的楼地面面积。依据《普通高等学校建筑面积指标》（建标191-2018），高校建筑面积需分别考虑必配校舍建筑面积和选配校舍建筑面积，具体评价影响因素见表2-25。

高校建筑面积评价影响因素 表2-25

评价因素	具体评价内容
建筑面积（必配校舍项目）	以下12项校舍项目的生均建筑面积（m^2/生）：①教室；②实验实习用房；③图书馆；④室内体育用房；⑤校行政办公用房；⑥院系及教师办公用房；⑦师生活动用房；⑧会堂；⑨学生宿舍；⑩食堂；⑪单身教师宿舍（公寓）；⑫后勤及附属用房
建筑面积（选配校舍项目）	研究生补助的研究实验用房、图书馆、学生宿舍三项校舍用房生均建筑面积（m^2/生）
	留学生生活用房生均建筑面积（m^2/生）及外籍教师生活用房人均建筑面积（m^2/人）
	专职科研机构办公及研究用房（含设计院、所用房）继续教育用房人均建筑面积（m^2/人）
	国家或省部级重点实验室、教学陈列用房、产学研及创业用房、学术交流中心用房、农林院校实验实习农场、牧场、林场教学及生活附属用房、医学院校临床教学实习用房、教职工机动车、自行车（含学生）停车库或棚、供暖地区锅炉房等项目人均建筑面积（m^2/人）

2）其他指标。除建筑面积外，也可用使用面积、使用面积系数、容积率、设座率、藏书量等指标对特定类型校舍建筑规模评价。例如，可基于使用面积和使用面积系数指标对教室建筑规模进行评价；基于设座率指标对图书馆建筑规模进行评价。高校建筑规模评价其他常用评价影响因素及其适用对象见表2-26。

高校建筑规模评价其他常用评价影响因素及其适用对象 表2-26

评价因素	具体评价内容	主要适用对象
使用面积	建筑面积减去公共交通面积、结构面积等，留下可供使用的生均面积（m^2/生）	教室、院系及教师办公用房等
使用面积系数	建筑物中使用面积与建筑面积之比，即使用面积/建筑面积	
容积率	一个校园内的地上总建筑面积和用地面积的比值	整个高校项目
设座率	学生阅览座位数与学生规模的比例（%）	图书馆

（2）建筑规模指标变化率

以建筑面积为例，建筑规模指标变化率的计算公式为：

$$建筑规模指标变化率=\frac{竣工备案建筑面积-可行性研究或初步设计建筑面积}{可行性研究或初步设计建筑面积}\times100\%$$

基于建筑规模指标变化率，可评价高校建筑规模偏差情况。对于建筑规模偏差产生原因的分析，需要考虑高校建设项目策划决策到竣工验收与决算交付使用过程中，因项目功能需求的不断优化调整和完善而产生的变化。对于实际建筑规模小于预估建筑规模的情形，还应综合分析评价后续建设的可能性。

3.投资规模评价影响因素

在高校建设项目生命期的不同阶段，建设投资额会有所不同。对高校建设项目在不同阶段的投资额进行对比分析，判断投资偏差率是否符合要求，也是高校建设规模效益评价的一项重要内容。

高校建设项目生命期不同阶段的建设投资及允许偏差率如图2-2所示。

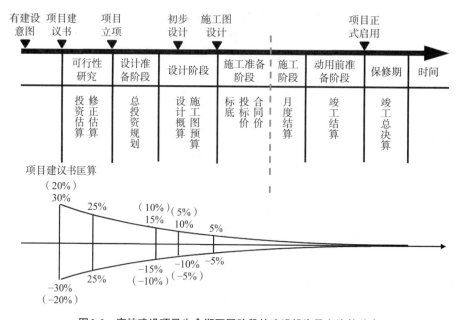

图2-2　高校建设项目生命期不同阶段的建设投资及允许偏差率

高校建设项目生命期不同阶段建设投资偏差评价影响因素见表2-27。

表2-27中的投资偏差率可作为高校建设项目投资规模评价的主要内容。产生投资偏差的原因分析需要考虑单位面积造价差异、具体建设内容变化，同时还要综合分析地质条件、地理位置等条件的变化等。

高校建设项目生命期不同阶段建设投资偏差评价影响因素　　　　表2-27

评价因素	评价内容
项目建议书阶段投资偏差率	（竣工财务决算－项目建议书投资匡算）/项目建议书投资匡算×100%
可行性研究阶段投资偏差率	（竣工财务决算－可行性研究投资估算）/可行性研究投资估算×100%
初步设计阶段投资偏差率	（竣工财务决算－初步设计投资概算）/初步设计投资概算×100%

二、功能效果评价影响因素

通过实施建设项目，使高校建筑具有与教学科研需求相适应的使用功能，是高校建设项目的最终目标。高校建设项目前期策划的功能定位应与竣工验收与决算的实际功能相匹配。为此，功能效果评价也是高校建设项目效果评价的重要内容[42]。

根据建设项目所实现的功能不同，高校建设项目功能效果评价应包括主体功能评价和其他功能评价两个维度。其中，其他功能评价又可包括社会功能评价、配套功能评价和基础设施功能评价。

1.主体功能评价影响因素

针对教学办公类、科研实验类等项目，应主要考虑主体功能。主体功能评价关注高校的办学产出，即高校建设项目能否为人才培养提供足够的建筑空间和功能，而人才培养也正是高校的基本功能。

高校建设项目主体功能评价影响因素可参见表2-28所示内容。

高校建设项目主体功能评价影响因素　　　　表2-28

评价因素	主要适用对象
教室数量与房间大小 座位数量与学生规模是否匹配 图书馆阅览室布局是否合理	教学类项目
实验楼基本配备 能进行的实验数量和规模 实验设施的先进程度和使用状况	科研实验类项目
办公区域是否集中 有无考虑各办公室的特殊情况 会议室安排和设备配备是否满足要求	行政办公类项目

2.其他功能评价影响因素

除主体功能外，有些高校建设项目还需满足社会功能、配套功能和基础设施功能。为此，在高校建设项目功能效果评价时还需要考虑社会功能、配套功能和基础设施功能等其他功能评价。

（1）社会功能评价。高校建设项目既要保证教学活动、科学研究及研发成果转化的正常使用，有些建设项目又可在闲暇时段为附近居民提供活动空间。这类建设项目包括体育馆、图书馆、会堂、活动中心、产学研及创业用房等。针对此类建设项目的功能效果评价，不仅需要考虑对教学科研需求的满足度，还要考虑能否为附近居民提供活动空间。

（2）配套功能评价。配套功能评价主要关注建设项目对于高校主体功能和社会功能提供的保障程度。配套功能评价主要针对学生宿舍、食堂、教工宿舍、后勤服务用房等。

（3）基础设施功能评价。高校建设的道路广场、供水供电室外管网、园林绿化、变电所、锅炉房、水泵房、消防用房等项目，属于公用工程设施或公共生活服务设施。对于此类建设项目评价，应主要关注其对于师生教学、科研和生活提供的公共服务程度。

高校建设项目其他功能评价影响因素可参见表2-29所示内容。

高校建设项目其他功能评价影响因素 表2-29

评价因素	评价内容	主要适用对象
社会功能评价	在满足教学、科研使用要求的基础上，为附近居民提供活动空间的能力	体育馆、图书馆、会堂、活动中心、产学研及创业用房等
配套功能评价	对于高校主体功能和社会功能提供的保障程度	学生宿舍、食堂、教工宿舍、后勤服务用房等
基础设施功能评价	对于师生教学、科研和生活提供的公共服务程度	道路广场、供水供电室外管网、园林绿化、变电所、锅炉房、水泵房、消防用房等

3. 功能效果评价方式分类

高校建设项目功能效果评价以定性评价为主，可基于前期策划、使用者及运维者体验进行。有关评价标准应在评价之前根据建设项目具体情况，有针对性地制定。但评价标准应符合普通高等学校建设项目的主要目的，即满足学校办学、科研和教职员工的工作及学生的学习、生活等方面的功能需求。

（1）基于前期策划的评价。采用前后对比法，分析前期策划的项目功能与项目建成后的实际功能之间存在的异同，分析判断项目建成后的实际功能是否达到前期策划的拟建功能要求。当项目建成后的实际功能超过前期策划的拟建功能时，应分析判断其原因，究竟是前期策划定位不足还是确实经优化调整，抑或因项目实施过程中随意变更使用功能所致。

（2）基于使用者体验的评价。学生和教职员工作为高校建筑的使用者，对高校建筑功能效果的体验，是高校建设项目功能后评价的重要方式。基于使用者体验的评价，可通过问卷调查来实施。问卷调查设计应考虑两方面内容：一是建设项目的功能适用性评价；二是反映使用者感官感受下的功能效果评价（情感反馈）。在通常情况下，建筑功能的适用性强，其使用者体验不一定好；而建筑功能的适用性差，其使用者体验则一定不会好。如果使用者体验好，则建筑功能的适用性基本上可满足使用者需求。因此，在设计调查问卷时，宜将调查分析的重心偏向于高校建筑使用者的情感反馈为好。

（3）基于运维者体验的后评价。高校建筑运维者作为高校建筑的运行管理和维护者，对建设项目的功能效果有着深刻体验。通过了解运维者的感受，从运行管理维度进行功能效果评价，也是高校建设项目功能效果评价的重要方面。

基于运维者体验的评价宜采取访谈形式。通过访谈高校建筑运维部门不同层次不同岗位的人员，可记录要点并进行综合分析。对运维者访谈的内容可包括两方面：一是基于价值工程，向运维者了解建设项目的主要功能和辅助功能的完善程度，是否存在功能不足或过剩；二是了解建设项目使用功能的稳定性，即包括运维者关注的质量、安全、效率、日常维护成本等方面的稳定性，也包括建设项目某些功能的可迭代性（特指一些机电设备、防水材料等与主体建筑生命期有较大差异的组成部分，以及受数字技术影响，需要及时更新换代的智慧建筑组成部分等）。

三、经济效益评价影响因素

经济效益评价是指通过对比分析高校建设项目竣工投入使用后所产生的实际经济效益与可行性研究时所预测的经济效益，从而对建设项目进行评价。经济效益评价是高校建设项目效果评价的重要内容。经济效益评价的目的是从经济上分析建设项目投入使用后是否达到预期效果。对于未达到预期效果的，应分析原因，采取措施，提高经济效益。与一般建设项目类似，高校建设项目经济效益评价也要从财务效益评价和国民经济效益评价两个维度考虑，只是具体评价内容有所不同。

1.财务效益评价影响因素

财务效益评价是指对高校建设项目投入使用后的投入和产出进行统计分析的基础上，以项目后评价时间为基准，预测高校建设项目计算期内未来可能发生的投入和产出，重新测算财务评价指标及其变化率，以考察整个高校建设项目财务状况。

与经营性建设项目主要追求经济效益不同，高校建设项目的公益性特点突出，不以营利为目的。因此，高校建设项目的财务效益后评价需要从"投资活动是否值得"的概念出发，并考虑其具体功能增加的量化。

（1）识别和估算项目增量效益和费用

通过对比有无建设项目的情形，识别和估算建设项目的增量效益和费用，评价投资建设项目是否值得。这部分工作可分别采用"高校建设项目外部效果增量评价表"（表2-30）和"高校建设项目无形因素增量评价表"（表2-31）。具体评价影响因素和内容应根据高校建设项目具体情况有针对性地制定。

高校建设项目外部效果增量分析表 表2-30

序号	增量功能	增量费用（元）	显性外部效果（或受益的学生、教职员工数量）
1			
2			
3			
……			

高校建设项目无形因素增量分析表 表2-31

序号	增量因素	增量费用（元）	隐性无形因素
1			
2			
3			
……			

（2）分析项目建设机会成本

机会成本是指在经济活动中，为获得一定效益所耗用的资源代价。高校建设项目的机会成本需要在了解高校在项目决策时全校所有建筑功能需求清单（轻重缓急）的基础上进行综合分析。此时可采用"高校建设项目机会成本分析表"（表2-32）。具体评价影响因素和标准应根据高校建设项目具体情况有针对性地制定。

高校建设项目机会成本评价表 表2-32

序号	决策时功能需求清单（以项目为单位）	功能需求		回顾分析机会成本
		轻、缓	重、急	
1				
2				
3				
……				

（3）评价高校建设项目的效益和费用

基于消费者剩余理论，以消费者（学生群体）剩余的增加来衡量及评价高校建设项目的效益和费用。这部分工作采用"高校建设项目效益和费用量化评价表"（表2-33）。具体评价影响因素和标准应根据高校建设项目具体情况有针对性地制定。

高校建设项目效益和费用量化评价表 表2-33

序号	学校收费（元/学生）	服务功能的增加或改善	支付费用（元/学生）	消费者剩余（±）
1	学费			
2	住宿费			
3	网络费			
4	水费			
5	电费			
......				

注："消费者剩余"的计算在数学上相对模糊，宜以定性的正负表达。

2. 国民经济效益评价影响因素

国民经济效益评价是指从合理配置国家资源的前提出发，从整体角度考察高校建设项目对国民经济的贡献。进行高校建设项目国民经济效益评价，在计算时采用不同时期的影子价格、影子工资、影子汇率和社会折现率等参数，对建设项目后评价时点前的各年实际发生和计算期各年预测的财务费用、效益进行调整。高校建设项目国民经济效益评价主要包括以下内容。

（1）社会费用—效益分析

尽管在形式上与财务效益评价方法是一致的，但社会费用—效益分析用影子价格来衡量经济效益及经济费用。分析评价可采用"高校建设项目投资与运营收支评价表"（表2-34）和"高校建设项目经济效益评价表"（表2-35）。

高校建设项目投资与运营收支评价表 表2-34

项目	评价因素	前评价值（可行性研究报告）	后评价值（实测数据）	变化值或变化率（%）	原因、影响分析
投入资金	分年度工程建设投资				
运营收入	分年度实际收入				
运营成本	分年度运营支出				

注：投入资金的后评价数值，取竣工财务决算数据。

高校建设项目经济效益评价表　　　　　表 2-35

评价因素	单位	前评价值 （可行性研究报告）	后评价值 （实测数据）	变化值或变化率 （%）	原因、影响分析
经济内部收益率	%				
经济净现值	万元				
费用效益比	%				

（2）建设周期分析

建设周期是从时间方面反映建设效果的指标，是固定资产在建总规模与年度投资完成额的比值。建设周期的计算公式为：

建设周期（年）=在建投资总规模/年度投资完成额

建设周期过长，则表明在建投资规模增加或年度完成投资额减少，将对投资效益带来不利影响。分析建设周期可采用"建设周期分析表"（表2-36）。

建设周期分析表　　　　　表 2-36

项目建设计划周期 （年）	投资总规模 （万元）	年度计划投资完成额 （万元）	实际建设周期 （年）	年度实际投资完成额 （万元）

注：本表适用于新建单个项目。

（3）固定资产交付使用率分析

固定资产交付使用率是指一定时期内由投资而增加的固定资产价值与同期投资完成额之间的比值。固定资产交付使用率的计算公式为：

固定资产交付使用率=新增固定资产价值/同期投资完成额

固定资产交付使用率是以价值形式反映投资所形成的固定资产的多少。一般而言，在有一定数量未完工程作为建设正常周转的条件下，交付使用的固定资产所占比例越大，未完工程所占比例越小，说明效益越好。分析固定资产交付使用率可采用"固定资产交付使用率分析表"（表2-37）。

固定资产交付使用率分析表　　　　　表 2-37

项目建设期	新增固定资产价值 （万元/年或项）	同期投资完成额 （万元/年）	固定资产交付使用率 （%）	原因分析
第一年				
第二年				
第三年				
……				

第五节 高校建设项目可持续性评价影响因素研究

高校建设项目不仅需要在效果评价中得到良好的反馈，还应在可持续性评价中取得预期的成绩。可持续发展思想注重的是发展的持续性、整体性、协调性，基于可持续发展的高校建设在时空上是三维的。着眼于高校建设项目可持续性评价的方向，可分为生态效益评价与社会效益评价两部分，两类指标接续着效果评价的内容，又在原有的影响范围区域做出拓展，即从建设项目本身辐射到自然环境与社会层面[43]。

一、生态效益评价影响因素

生态效益是指生态系统及其变化引起的人类生存和社会经济发展条件的改善程度。生态效益的基础是生态平衡和生态系统的良性、高效循环，这关系到人类生存和发展的长远利益。生态效益是对传统评价人类福祉的经济效益和社会效益的补充，高校建设项目的核心是反映建设项目实施产生的生态环境功能及所采取环境保护措施的有效性[16]。

生态效益评价可分为资源节约、环境协调及环境影响评价三个维度。

1.资源节约评价影响因素

党的十八届五中全会提出了绿色发展的重要理念，为我国经济社会发展明确了方向。高校作为经济社会的重要组成部分，贯彻落实绿色发展理念也是其重要任务。为此，需要在高校建设项目中充分体现绿色发展理念，在"四节一环保"方面符合相关要求。其中，对于"四节"（节地、节材、节水、节能），不仅需要在高校建设项目设计中严格执行工程建设标准，而且应在高校建设项目后评价中分析评价资源节约情况。

高校建设项目资源节约评价影响因素及评价准则参见表2-38。

2.环境协调评价影响因素

大学校园环境有软、硬之分。软环境即人的所知、所感和所思，是指无形的规章制度、约束规范、文化习俗、思想观念等多方面综合体。硬环境即所见、所触和所闻，是指有形的物质条件和可见设施。从总体而言，高校建设应做到"软硬兼施"，软环境与硬环境达到"和谐统一"，这将是一个复杂的系统工程。而此

<table>
<tr><td colspan="3" align="center">高校建设项目资源节约评价影响因素及评价准则</td><td align="right">表 2-38</td></tr>
<tr><td>序号</td><td>评价因素</td><td colspan="2">评价准则</td></tr>
<tr><td>1</td><td>节地</td><td colspan="2">是否节约集约利用土地；是否合理开发地下空间</td></tr>
<tr><td>2</td><td>节材</td><td colspan="2">是否对建筑形体、地基基础、结构体系、结构构件进行优化设计，达到节材效果；是否选用本地生产的建筑材料；是否合理采用高耐久性建筑结构材料，使用以废弃物为原料生产的建筑材料</td></tr>
<tr><td>3</td><td>节水</td><td colspan="2">日用水量是否满足相关节水用水定额要求；是否使用节水器具与设备；是否合理使用非传统水资源</td></tr>
<tr><td>4</td><td>节能</td><td colspan="2">是否符合国家有关建筑节能设计标准规定；围护热工性能指标、供暖、通风与空调是否优于国家有关建筑节能设计标准规定；照明与电气是否采用节能措施；是否合理利用可再生能源</td></tr>
</table>

处所讲的"环境协调"，主要是指高校建设项目与周边生态环境的协调一致。高校建设项目应达到美化自然景观、增加艺术氛围的效果，在一定程度上影响使用者学习、工作或生活的整体质量。

高校建设项目环境协调评价可从自然地理环境协调、生态环境协调、人文环境协调三方面考虑。

（1）自然地理环境协调评价影响因素

高校校园规划与建筑设计应注重校园用地的地形地貌特征，讲究因势利导、因地制宜，追求人工环境与自然环境的和谐共生，并利用原始地形的起伏、自然水体、绿地等进行建筑造型的选择和设计。自然地理环境协调评价可考虑以下几方面内容。

1）建筑平面形状和用地形状的协调性。建筑总平面规划应服从于环境，建筑的平面外轮廓与场地用地边界、走向形成一定的对应或者集合关系，保证空间的整体和谐与完整统一。

2）建筑形态与自然的地形地貌的协调性。建筑形态顺应自然的地形地貌特征，特别是场地有高差时，在设计时应充分考虑实际地形地貌，合理设计建筑造型，减少对原有地形地貌的破坏。

3）新建项目与原有周围建筑的协调性。新建项目需要保持局部与整体校园空间格局相适应，在建筑形态、布局、色彩等方面要体现一致性、延续性和相关性，增强建筑物彼此之间的联系。

（2）生态环境协调评价影响因素

校园规划与建筑设计应充分考虑当地的气候环境、水文条件、景观植被等因素，通过对朝向、体量及技术细节的控制增强设计的主动性。生态环境协调评价可考虑以下几方面内容。

1）太阳能、大气、水。建筑设计应积极获取太阳能的建筑方位，自然日照与通风之间最适合的建筑方向为最佳；根据建筑属性及特点合理配置废气处理设备，以达到空气质量排放标准；减少硬质铺装，提高雨水渗透率和雨水回收利用率。

2）土壤与土地。挖方地点挖除的地表种植土是一种难以再生的自然资源，挖除后应临时集中堆放，作为填方或绿化工程用土，这样既可保障工程需要，又可减少弃方量。在理想状态下，挖方与填方应平衡，但实际工作中很难达到这一要求。因此，可将弃方利用率作为量化考核值。

3）景观植被。校园自然景观与人文景观需要协调统一，发挥综合效益。对于校园景观植被后评价，可从植被覆盖率、色彩及季相变化协调性、景观多样性，以及校园景观是否有效传承校园历史文化元素、行为空间设计是否考虑便利性、多样性、愉悦性等方面考虑。

（3）人文环境协调评价影响因素

大学校园具有独特的文化内涵，它更加注重空间环境协调性与校园特色文化的营造，体现周密性的人文关怀，强调环境育人，崇尚素质教育。高校建筑规划设计应全面考虑使用者的物质需求和精神需求。为此，人文环境协调评价可考虑以下几方面内容。

1）文化元素。在新建校园中有意识地重复使用原有校园的标记、延续原有校园的特色空间，创造宜人舒适的自然景观，以及具有生活气息、人性化尺度的局部交往空间等，都能够唤起人们对校园历史和文化的回忆。

2）建筑造型。建筑造型一直是人们最为关注的问题之一，要在强调建筑个性化的同时，注重校园建筑个体之间的脉络，使之有机结合在校园环境中。

3）行为空间。大学校园一般分为宿舍区、教学区、活动区，相互之间不产生影响。在交通组织方面，宜采用人车分流的道路系统，同时规划不同功能出入口，以确保使用便捷与安全。在空间利用方面，需注意交流和休闲空间的组织，注重分析评价空间的便利性、多样性、愉悦性及舒适性。

3.环境影响评价影响因素

高校建设项目环境影响评价工作内容应根据项目特点、区域环境特征和原环境影响评价内容及批复要求，结合国家新的环保政策和标准进行。一方面要对项目前期环境影响评价的审核、补充和完善，另一方面还应反映建设项目对环境的实际影响和环境保护措施的有效性。

高校建设项目环境影响评价应考虑以下几方面内容。

（1）环境影响的一致性

作为高校建设项目环境影响后评价的中心内容，需要采取定性分析与定量分析相结合的方法，将建设项目实施后的实际效果与原环境影响评价报告书及其批复文件进行对比分析。在对比分析过程中，应重点说明项目建设现状与原环境影响评价及批复要求不一致的内容。对于不符合批复要求的内容，需进一步分析其原因。

（2）环境保护措施的有效性

分析高校建设项目投入使用后废气、废水、噪声、固体废物排放是否符合排放标准，以及相关防治措施的符合性和有效性。通过调查生态功能完整性、植物环境保持情况，水土保持情况，取弃土场植被恢复情况等，综合评估环境保护措施的符合性和有效性。

（3）环境风险预案的完备性

对于存在有毒、有害、易燃、易爆等危险物的高校建设项目，投入使用期间可能发生突发性事故和事件，引起有毒有害、易燃易爆等物质泄漏，或突发事件产生新的有毒有害物质，造成人身安全和环境影响损害的，进行后评价时应分析风险防范措施的落实情况和环境风险应急预案的有效性，并提出需补充完善的措施[44, 45]。

二、社会效益评价影响因素

高校建设项目的公益性特点突出，项目建设成功与否将对社会公众产生重大影响。因此，有必要在建设项目后评价中分析项目建设对社会公众的影响，进一步明确项目建设是否满足社会公众诉求，是否能够得到社会公众支持[46]。

高校建设项目社会影响评价应以当代社会高校基本职能为基础，系统分析高校建设项目对高校履行基本职能的推动作用，通过明确评价因素，将实际发挥的社会效益与预设评价标准进行比较，得到最终的社会影响评价结果。

1.高校基本职能评价影响因素

高校职能是指高校为适应社会分工与社会发展需要所承担的社会任务。一般认为，现代高校具有三种基本职能：教学、科研、服务。三种基本职能之间综合交叉、辩证统一，共同实现高校自身价值，同时也对社会产生独特影响。

在高校三大基本职能中，教学是大学最根本的职能，离开这一职能，高等教育便不复存在；科研是大学的重要职能，它既是专业教育实践的需要，又有效地为社会提供服务；服务是前两个职能的派生，随着社会发展，大学不仅要通过教学和科研间接地为社会服务，而且要通过各种渠道直接为社会服务[45]。

（1）教学职能——传播知识和技术，培养人才

培养人才是由高校的本质所决定的，是与高校共生的本体职能，并随着社会经济的发展而不断变化、提高。纵观人类社会发展史，人类对自然资源的开发和利用，实质上是人类综合运用自身开发创造的技术资源、积累的知识资源和长期形成的观念资源的结果。

原始社会时期，人类的体力资源较为发达，智力资源低下，人类掌握着很少的知识和技术，生存环境恶劣。随着技术发展和社会进步，人类逐渐开始适应自然、利用自然并改造自然。在这一过程中，技术资源、知识资源、观念资源发挥着举足轻重的作用。技术资源、知识资源、观念资源作为特殊的软资源，被特殊的人力资源错综复杂地运用并作用于自然资源（硬资源）的过程，就构成了人类认识自然、适应自然、利用自然的历史过程，也就构成了人类社会发展过程。

无论是技术资源，还是知识资源、观念资源，一方面是人类通过生产实践学习得到，更重要的一方面是通过高校的教育得到。通过教育这种有目的、有组织、有计划、系统地传授知识和技术的活动，人类实现了知识和技术量的积累和质的转变，实现了人类社会发展的巨大飞跃。

（2）科研职能——创造知识和技术，推动人才、科研成果及科技产品的形成

高校是科技创新的阵地，通过高等教育，培养掌握高科技、高素质的人才，产出高科技科研成果，并转化为具备经济价值的高新技术产品，推动技术进步和经济发展。

知识经济时代，高校扮演着越来越重要的角色。据有关资料统计，70%的诺贝尔奖是在一流大学产生的。不仅如此，当代高校的科研拓展了其发展空间，而且由于激烈的市场竞争，科技成果转化时间被大大缩短，科学与技术之间的界限越来越模糊。产学研相结合的高校，在发展高端科技并实现产业化的过程中，扮演着创新中心、企业孵化器、高新技术辐射源和高新技术开发区智力支柱等多重角色。一些以高校为基础发展起来的产学研结合的科技发展基地，如美国以斯坦福大学为主导发展起来的"硅谷"科技工业园区、以麻省理工学院和哈佛大学为核心发展起来的波士顿科研中心，以及英国剑桥科学园、我国北京中关村高新技术开发区等，日益对社会经济的发展产生着重要影响。

以高校为主导的高科技园区的产生，推动了人才、科研成果及高科技产品的形成，缩短了高科技产品由创造加工到传播应用的周期，加速了新经济发展步

伐。反过来，高科技园区的发展又推动了高校科研模式转变，使传统的象牙塔式单一模式，逐渐转变为基础研究定向化、应用研究基地化、开发研究产业化的模式，二者相辅相成，相互促进，推动了科技进步和社会经济发展[47]。

（3）服务职能——面向社会，服务社会

社会服务是指高校以其教育资源直接满足社会的现实需求。高校社会服务工作大多是教学与科研活动的延伸，国外往往视之为学校推广工作。1951年，著名的私立大学斯坦福通过出租土地、转让技术方式建立起斯坦福工业园，开创了企业依托大学的产学合作新形式。20世纪70年代后期，美国出现高校与企业合作的浪潮，高校以各种形式推动企业发展，从而为经济发展服务[45]。进入信息时代后的美国政府，召集教育界和科学界人才，研究如何将高校在计算机科学、电子、材料、生物技术等主要学科领域的成果迅速转化为生产力，让美国的制造商们充分利用高校教师进行高技术产品的生产、创造。

以美国高校社会服务职能为鉴，我国高校在教书育人的同时，也应根植于社会：一方面，向社会宣传学校，服务于社会，直接为地区经济服务；另一方面，了解社会对学校的需要，赢得社会对学校的支持，不断从社会中获取资源、信息，然后再将加工的产品及科学知识输送给社会，为地区经济服务[45]。

2.社会效益评价影响因素

教学、科研、服务职能是就高校整体而言的。不同层次、不同类型的高校，这些基本职能可以有所不同或有所侧重。除培养人才这一本体职能外，科研、服务职能有的高校可以不完全具备。即使对于同一职能，不同的学校的具体任务也不尽相同。

由于不同高校有着不同的发展目标和愿景，建设项目的职能侧重方向各有不同，导致不同高校对于教学、办公、科研、管理服务、后勤保障等建筑的规划设计和建造情况也各不相同。因此，在进行高校建设项目社会效益评价时，应具体问题具体分析，基于高校总体职能趋向，综合考虑各功能建筑的规划设计和建造情况，全面分析各功能建筑组成的校园及单体建筑对于教学、科研、服务三大基本职能的提升作用。

高校建设项目社会效益评价应以定性评价为主，具体评价因素可参考下列内容：

（1）对于育人环境的改善程度。包括：是否增加本科生、硕士博士研究生及其他人才的培养数量；是否增加生均教室、实验室、图书馆、体育场馆面积等。

（2）对于师生活条件的改善程度。包括：相关生活必备设施布局结构是否合理、功能是否齐全并满足需求、环境是否舒适等。

（3）对于学校管理水平的提升度。包括：管理设施是否完善并符合国家标准，办公系统建设是否便捷完善等。

（4）对于学校教学水平的提升度。包括：是否增加生均计算机、科研仪器设备、图书等数量；是否提高学生和教师的创新能力等。

（5）对学校优势学科有更为突出的促进作用。包括：实验设施及设备是否先进完善；是否促进创新成果（各类论文、专利、课题、科技奖项）的增加等。

（6）促进地区、国际文化交流的作用。包括：是否增加高校所在地区国内外文化交流活动等。

（7）带动地区经济、文化、教育发展的作用。包括：是否优化和完善区域高等教育规划布局；是否促进当地企业和产业发展；是否创造更多的就业岗位；是否提升当地居民收入水平；是否改善周边居民生活质量等。

第三章

高校建设项目后评价组织及管理

高校建设项目是为了满足教学、科研及社会服务等需求而组织建设的固定资产投资项目，具有公益性突出、文化价值高、功能多样化、专业要求多、工期约束严、时代感强烈等显著特点，决定了其后评价工作必须围绕具体项目类型，由具体组织选择相应的评价内容、评价方法、评价指标，按照一定的程序实施。

第一节　高校建设项目后评价组织管理

一、高校建设项目后评价组织管理的指导思想

后评价工作不是一项孤立的工作，只有做好从项目选择、组织和人员保障、建议反馈、分享和应用成果等几个环节的工作，才能真正将后评价的功能落到实处，真正让后评价工作成为学校发展的助推器。基于目前高校建设项目后评价工作在政策依据、资金保障、激励机制和人才供给等方面存在明显不足，高校应该从以下几方面着手，进一步强化建设项目后评价的管理。

1.加强组织领导

（1）转变思想，改变"重审批、轻管理""重前评估、轻后评价"的做法

项目是一个过程，项目管理是一个全生命周期的管理，从项目规划始，经过预可研、项目建议、可行性研究、批准、开工、完工、竣工交付、运行维护直至后评价。后评价是全生命周期管理的重要一环，不可缺少。各级领导干部要从思想上高度重视建设项目后评价工作，真正将后评价作为建设项目管理的重要组成部分。

（2）提高主管领导的领导地位

建设项目后评价是一个涉及面广、工作量大而又十分敏感复杂的工作，高层决策者和管理者对项目后评价的重视与支持是至关重要的。后评价工作的主管领导应具有较高的领导地位和决策权限，以确保后评价工作及结果得到充分的重视

和应用，真正发挥后评价在"完善已建项目、改进在建项目和指导待建项目"中的价值和作用。

（3）强化管理部门组织领导能力建设

在开展项目后评价的过程中，由于涉及与项目相关的层级和部门众多，项目后评价能否顺利完成，很大程度上取决于各层级和各部门间的沟通与协调情况。后评价工作的归口管理部门或工作专班应具有较强的组织领导能力，以协调和解决出现的问题，保障后评价工作的顺利开展。

2.加强队伍能力建设

（1）明确归口管理部门或设置工作专班

高校建设项目后评价是一项跨部门协调的综合性、日常性工作，一般由第三方专业咨询机构来完成，但需要学校后评价参与人员的配合与支持。项目单位自评价报告编制质量、现场调研配合程度、参与配合后评价人员对项目的熟悉程度等，都在一定程度上影响项目后评价工作的顺利开展。因此，学校应明确项目后评价归口管理部门或设置工作专班，负责项目后评价工作的实施和管理[48]。

（2）重视专业人员能力建设

从岗位设置和技能要求上要保证从事后评价工作的人员配置和知识结构，并建立规范、可行的操作流程。为保证评价的科学性和客观性，可以适当聘请外部咨询公司人员参与工作。同时，要进一步加强对学校后评价管理人员的培训力度，编制简单易学、流程清晰的后评价工作手册，并针对具体项目开展有针对性的自评价培训。

3.完善相关管理制度

（1）科学建立后评价项目筛选机制

根据高校事业发展目标及工作重点，结合学校建设项目管理的实际情况和项目审批情况，有针对性地选择确定利于积累有益实践经验的项目开展后评价。对于同类型项目，不必对项目逐一进行评价，可以进行抽查评价。选择范围主要有使用政府预算内投资数额较大且比例较高的项目；采用新技术、新工艺、新设备和技术含量高的非常规项目；有代表性、对学校今后的发展和投资计划影响较大的项目；对节约资源、保护环境、促进教育发展有重大影响的项目以及其他具有特殊示范意义的项目等。

（2）构建个性化的指标体系

确定后评价项目评价影响因素、标准和指标是后评价工作中最大的难题。指标体系应当是包含财务、经济、技术、环境和社会效益等多方面因素的一个有机整体。考虑到不同类型项目在投资起因、运营特点、建设目标等方面存在诸多差异，要准确、客观地评价项目，还必须结合项目自身的特点和要求，对不同项目的评价指标进行个性化的处理。注重研制定量绩效指标，作为后评价的依据。后评价指标最好在项目前期就确定下来，这样可以在很大程度上降低后期数据收集的难度。

（3）强化后评价方法研究

目前后评价方法主要有调查分析法、对比分析法、逻辑框架法、层次分析法、模糊综合评价法、效益评价法、可持续性评价法和成功度评价法等。具体还涉及生产工艺评价财务效益评价、国民经济效益评价、社会影响评价等方面。各种方法评价重点不同。要针对高校建设项目的特点，研究适合不同建设项目性质的后评价方法和评价重点。

（4）规定后评价结果的应用制度

后评价结果的使用是后评价体系中的重要环节，后评价发挥作用的关键取决于所总结的经验在投资决策、绩效考核、项目管理等活动中被采纳和应用的效果。为了切实体现后评价结果对决策和管理的支持作用，高校及项目主管部门应当明确规定后评价结果的应用制度。如在对部门的绩效考核中将后评价的相关指标作为考核的依据之一，通过后评价结果的反馈促使相关部门主动寻找项目管理的差距及产生原因，及时调整和改进，促进高校建设项目管理进入良性循环。

4.搭建建设项目信息平台

各种孤立的信息资源给后评价工作带来极大困难。建立后评价信息系统，使得信息能够在一个统一的平台上发布和存储，实现信息的共享和传递，将大大提高后评价的效率，也有利于学校信息化管理水平的提高。

项目后评价得出的经验不足和对策建议，应该在后续同类项目的决策、实施和运营过程中得到借鉴与应用。搭建建设项目信息平台，提供、分享及交流已完成项目的执行和后评价情况，可以提高建设项目运行和管理的透明度与公开性，将项目后评价成果广泛应用到其他在建或新建项目中，达到降低项目投资风险，提高学校投资效益的目的[48]。

项目后评价工作的目的是希望对项目全生命周期进行一个系统梳理与分析，总结项目成功经验，查找不足，以对后续的其他项目起到借鉴和参考作用；同时，通过专家对项目运营成绩和不足的总结、诊断，提出未来发展和运营的意见与建议，以期帮助学校更好地发展。

二、高校建设项目后评价组织管理体系建设路线

1.后评价组织管理体系

后评价工作是一项多方参与的系统工程。在纵向控制层面，高校的后评价工作受上级主管部门的指导和管理，并接受上级主管部门的监督检查。在横向协作方面，它的顺利完成，有赖于委托单位（部门）、受评部门、第三方后评价机构等各方在后评价工作过程中的合理分工和紧密协作，也很大程度上取决于各层级和各部门间的沟通与协调情况。高校应当设计建立统一指挥、分级管理、分工协作的后评价组织管理体系。

（1）统一指挥

成立建设项目后评价工作领导小组是后评价工作顺利开展的根本保障。这个主要体现在两个方面：一是后评价工作的主管领导应具有较高的领导地位和决策权限，以确保后评价工作及结果得到充分的重视和应用，真正发挥后评价在"完善已建项目、改进在建项目和指导待建项目"中的价值和作用；二是后评价工作的归口管理部门或工作专班应具有较强的组织领导能力，以协调和解决出现的问题，保障后评价工作的顺利开展。

（2）分级管理

分级管理分三个层次：

1）后评价归口管理部门或工作专班在后评价工作领导小组的领导下负责学校后评价工作的组织和管理；

2）学校项目建设领导小组作为建设项目管理部门的上级机构或单位，负责对建设项目管理部门提交的总结报告的审核与评价，并配合上级单位组织的项目后评价工作；

3）建设项目管理部门，即代表项目建设单位行使管理责任，负责项目竣工验收与决算后进行项目自我总结评价并配合上级单位具体实施项目后评价。

（3）分工协作

后评价归口管理部门或工作专班统筹建设项目后评价管理，学校财务、审计、后勤或物业管理、档案馆、项目用户等作为项目后评价的协作单位，分别从投资规划、投资审批与决策、财务管理、业务管理、项目档案等方面，为项目后评价工作的开展提供支持和协助，并承担后评价成果的反馈与责任落实职责。

2.高校建设项目后评价组织机构设置

高校建设项目的后评价工作可分两个层次组织实施。一是高校建设项目后评价归口部门或工作专班组织的后评价。后评价归口部门或工作专班应根据项目审批情况，选择确定开展后评价的项目。在高校建设项目管理部门自我评价的基础上，根据被评价项目的具体情况，委托后评价专业咨询机构进行。后评价专业咨询机构进驻项目所在地，针对该项目的总结报告进行有针对性的调查研究，收集资料与现场调查后，形成意见并编制项目后评价报告。二是高校建设项目管理部门编制总结报告，组织自我评价。高校的自我评价宜包括学校的所有建设项目。在每个项目竣工投入使用一段时间后，高校建设项目管理部门应对项目开展自我评价工作。从节省资金、降低成本出发，高校建设项目的自我评价可不委托专业咨询机构进行。

（1）高校建设项目后评价归口部门或工作专班的职责

高校建设项目后评价归口部门或工作专班负责项目后评价的组织和管理工作。后评价归口部门或工作专班应督促按时提交高校建设项目总结报告并进行审查，根据审查情况和项目后评价遴选标准，确定需要开展后评价的项目，制定项目后评价年度计划。

后评价归口部门或工作专班制定高校建设项目后评价编制大纲，按照年度计划，委托专业工程咨询机构承担高校建设项目后评价任务，明确项目后评价成果的验收方式、验收标准，指导和规范高校建设项目后评价报告的编制工作。后评价归口部门或工作专班不得委托参加过同一项目前期、建设实施工作或编写总结报告的工程咨询机构承担该高校建设项目的后评价任务。

高校建设项目后评价归口部门或工作专班通过开展项目后评价工作，总结高校建设项目的经验和不足，对于项目后评价发现的不足，提出加强高校建设项目管理的措施或整改意见，督促项目单位落实。后评价归口部门或工作专班定期以适当方式汇编后评价成果，推广通过项目后评价总结出来的成功经验和做法。

（2）高校建设项目管理部门的职责

高校建设项目在竣工验收并投入使用一年后两年内，高校建设项目管理部门应会同后评价协同单位组织编写项目总结报告。高校建设项目管理部门可成立由勘察单位、设计单位、施工单位、监理单位等共同参与自我总结评价工作的组织机构，从高校建设项目的实施过程、实施效益等方面进行总结和评价。高校建设项目总结报告应包括项目概况、过程评价、效果评价、项目目标评价、项目总结等内容，其内容和深度应满足高校建设项目后评价归口部门或工作专班的相应要求。

高校建设项目管理部门应在规定时限内将建设项目总结报告报送高校建设项目后评价归口部门或工作专班，同时提供开展项目后评价所需要的文件及相关资料（审批文件、项目实施文件、其他资料等），并对总结报告及相关附件的真实性负责。被高校建设项目后评价归口部门或工作专班列入后评价年度计划的建设项目，高校建设项目管理部门和后评价协同单位应当根据后评价工作需要，积极配合承担项目后评价任务的工程咨询机构开展相关工作，及时、准确、完整地提供开展后评价工作所需要的相关文件和资料。针对项目后评价发现的不足，高校建设项目管理部门应认真总结经验，分析原因，提出改进意见，并报送高校建设项目后评价归口部门或工作专班。

（3）第三方后评价机构的职责

工程咨询机构通过投标或接受委托等方式，承担高校建设项目后评价任务，经与高校签订协议，明确双方的权利和义务。承担高校建设项目后评价任务的第三方后评价机构，应根据高校建设项目的性质、特点、复杂程度等组建项目后评价团队，确定执行该后评价任务的项目经理，由其具体负责后评价工作的组织和联络。项目后评价团队按专业划分为若干小组，确定参评人员，必要时可聘请部分专家。

高校建设项目后评价团队应根据项目后评价协议和项目特点，制定工作大纲，设计调查方案，并根据业内应遵循的评价方法、工作流程、质量保证要求和执业行为规范，独立开展项目后评价工作。高校建设项目后评价团队应在查阅项目资料、熟悉项目单位总结报告的基础上，组织开展现场调查、资料收集和社会访谈。后评价团队项目经理依据各专业小组及专家意见，进行综合、分析和提炼，并按照《高校建设项目后评价报告》格式，形成项目后评价报告草稿，经向项目单位征求意见，修改后形成报告初稿。第三方后评价机构向高校建设项目后评价归口部门或工作专班提交报告初稿，并按照高校建设项目后评价归口部门或工作专班的合理意见修改后定稿，形成正式的项目后评价报告。第三方后评价机构应按照项目后评价协议约定，向高校建设项目后评价归口部门或工作专班提交高校建设项目后评价报告，并分别报送相关单位。第三方后评价机构应对项目后评价报告质量及相关结论负责，并承担相应的保密责任。

第二节　高校建设项目后评价日常管理

一、高校建设项目后评价计划管理

后评价工作计划是指对在一定期限内即将开展的后评价工作的设想和安排。一个好的工作计划，不仅是建立正常的工作秩序、提高工作效率的重要手段，而且是提升后评价工作实效性的重要措施。有了计划，工作就有了具体的内容、明确的目标、任务和方法、步骤，就可以最大限度增强工作的针对性，减少盲目性，有效协调各单位的行动，使工作有条不紊地进行。同时，计划本身又是对工作进度和质量的考核标准，对参与单位有较强的约束和督促作用。因此，计划对工作既有指导作用，又有推动作用。

后评价计划阶段，是指后评价归口管理部门编制后评价年度工作计划（含项目数量、评价目标、组织方式、时间计划、费用预算等）并报上级领导审批的过程。这项工作通常在上一年度末完成。

1.高校建设项目后评价计划管理的主要内容

（1）后评价阶段性工作计划

后评价阶段性工作计划可分为年度、季度和月度计划。制定阶段工作计划的目的在于对下一阶段将要开展的后评价工作进行规划，使相关领导和部门明确后评价工作的计划安排，以便统筹和安排各类资源，确保后评价工作的顺利开展。

其中最为关键和重要的是年度工作计划。年度工作计划是由后评价归口管理部门结合学校事业发展规划、基本建设规划、当前建设项目管理现状、上级的有关指示、自身的资源分析等多方面因素综合分析后在上一年度末编制完成。年度工作计划的基本要素应包括：

1）上一年度工作计划的分析与总结；

2）下一年度工作计划的编制依据；

3）年度后评价工作计划内容（项目选择范围、评价目标、评价类型、组织形式等）及时间计划；

4）年度总体费用预算；

5）为保证本计划完成的其他资源需求等。

后评价年度工作计划在学校主管领导审核后，报后评价工作领导小组审定后执行。在年度工作计划基础上编制的季度和月度工作计划，在没有重大变化、未超年度预算的情况下报学校主管领导批准后即可。

（2）单个项目的后评价工作计划

单个项目的后评价工作计划是指即将或正在进行的后评价项目的具体工作内容与时点安排，如阶段划分、主要工作任务、各方工作分工、起始与完成时间和具体工作成果等。制定单个项目的工作计划的目的是使相关领导和部门清楚项目的各项工作安排以及所分担的工作内容，以指导和推动各单位按期、按要求完成项目工作。

单个项目的工作计划，由后评价归口管理部门在第三方后评价机构提交项目具体工作计划的基础上，根据需要汇总编制，经主管校领导审批后报送后评价工作领导小组审阅，并根据需要发各协助部门。

2.高校后评价项目的选择

按照组织实施层次确定高校后评价建设项目的选择范围。高校建设项目后评价归口部门或工作专班组织的后评价，应有选择性地从高校的建设项目中确定；高校项目建设管理部门组织的建设项目总结报告，原则上宜包括学校的所有基本建设项目，但对于同类型项目也可进行抽查评价。

《中央政府投资项目后评价管理办法》第十二条规定，对行业和地区发展、产业结构调整有重大指导和示范意义的项目；对节约资源、保护生态环境、促进社会发展、维护国家安全有重大影响的项目；对优化资源配置、调整投资方向、优化重大布局有重要借鉴作用的项目；采用新技术、新工艺、新设备、新材料、新型投融资和运营模式，以及其他具有特殊示范意义的项目；跨地区、跨流域、工期长、投资大、建设条件复杂，以及项目建设过程中发生重大方案调整的项目；征地拆迁、移民安置规模较大，可能对贫困地区、贫困人口及其他弱势群体影响较大的项目，特别是在项目实施过程中发生过社会稳定事件的；使用中央预算内投资数额较大且比例较高的项目；重大社会民生项目；社会舆论普遍关注的项目等中央政府建设项目，方能列入中央政府建设项目后评价年度计划中。

以《中央政府投资项目后评价管理办法》为指引，高校建设项目后评价归口部门或工作专班在选择项目开展项目后评价时，应当遵循两个基本原则：

（1）重要性原则

即选择的项目必须是重要的项目，这种重要性主要体现在其所产生的影响上，选择那些对整个社会或者学校的效益产生重要影响的项目进行后评价，以充分发挥后评价的作用。

（2）现实可行性原则

应当根据学校自身拥有的资源、能力情况和项目本身实际情况作出分析判断，能否保证该项目的完成，能否或者能在多大程度上达到评价目的，在此基础上作出选择决策。

3.高校建设项目后评价项目选择程序

（1）项目初选

高校建设项目后评价项目有两种基本来源：一是后评价归口管理部门的主动立项，即根据后评价计划或者规划的安排，或者根据学校建设项目投资管理的需要，主动选择一些项目进行后评价；另一种是被动立项，即应高校建设项目后评价归口部门或工作专班或者学校项目建设领导小组的要求对特定项目进行后评价。在实际操作中，可以通过集体讨论，主动向建设项目投资审批部门、上级主管部门、学校项目建设领导小组及各职能部门征求项目选择意见等方式，确定备选后评价项目。

（2）根据重要性原则进行项目筛选

在项目初选的基础上，按照重要性原则对备选建设项目进行筛选，从中选择重要项目优先予以考虑。在这一阶段，关键在于如何确定重要性的标准。一般来说，重要性可以从以下几个方面来把握：

1）影响深远。即影响面广、意义重大的项目。有些项目虽然资金不是特别大，但它对学校的未来发展将产生重大影响，比如基础设施建设项目、改扩建项目等，需要优先安排后评价。

2）关注度高。即学校领导层特别关注的项目。当学校领导层对某个特定的项目特别关注时，通常可以考虑优先安排后评价，因为学校领导层通常会比其他人更熟悉情况，更清楚其中所存在的风险及其影响。

3）特色鲜明。创新、实验性项目，面临的风险大，则意味着发生损失的可能性也大，因此对于特色鲜明的建设项目，应当优先开展后评价，以全面评估潜在的风险，采取相应的风险对策，以防范和控制风险，最大限度地减少风险带来的损失。

4）执行力弱。即管理不善或者内部控制系统薄弱的项目。管理不善或者内部控制薄弱意味着存在较大的潜在损失和风险，因而应优先开展后评价，以发现管理或者内部控制体系中存在的薄弱环节，采取相应的措施加强管理，完善内部控制。

（3）按可行性原则对备选项目进行排除筛选

在按重要性原则进行项目筛选的基础上，应按照可行性原则，对项目开展进一步的分析和筛选，从中剔除不可行的项目，即可确定本期需要实施的后评价项目。

一般来说，可行性可以从如下几个方面来把握：

1）资源配置上的可行性。这包括评价工作管理人员的数量、费用预算和时间等多个方面。首先，在人员数量有限而又没有其他人力资源可以动用的情况下，后评价项目的安排应当充分考虑到人员数量的约束。其次，也要考虑到费用预算以及评价工作周期，对于大幅超出经费预算、时间预算的项目可暂时不予考虑，以免上马容易下马难。

2）技术上的可行性。后评价工作的开展，需要多种因素的配合。对于一些项目，例如尚未完成竣工财务决算的基建工程全过程评价项目；现场调研工作时无法稳定运行的项目；没有明确的技术评价标准，无法形成明确评价结论的项目；或者虽然有评价标准但证据收集非常困难的项目等，可以暂不考虑。

3）改进的可行性。后评价的目的是通过后评价提出改进的建议，以指导未来项目，提高学校的管理和效益。在项目选择的阶段就必须对项目完成后改进的可行性有一个基本的评估，对于那些一次性发生、今后不再出现的建设项目；或即使查明了原因、但改进的可能性很小的项目等，可以暂不考虑。

在根据可行性原则对项目开展进一步分析的基础上，对已经筛选的需要优先的项目进行再排序。

（4）高校选择确定后评价项目参考标准

为加强和改进学校建设项目管理，提高投资决策水平、建设管理水平和投资效益，结合学校建设项目管理现状，项目后评价工作主要从以下项目中选择：

1）建设项目投资主管单位要求必须后评价的项目；

2）使用政府预算内投资数额较大且比例较高的项目；

3）首创性、技术创新、社会影响显著的项目以及其他具有特殊示范意义的项目；

4）进行重大技术改造和改扩建的项目；

5）对节约资源、保护环境、促进教育发展有重大影响的项目；

6）其他需要进行后评价的项目。

对分期建设、且每期项目之间存在功能联系、建设内容扩展的，在后期项目审批前，可以对前期项目进行项目后评价工作，为后期项目的决策论证提供参考。

二、高校建设项目后评价数据管理

当自身拥有的信息不能满足业务需要时，就应从其他来源广泛采集信息，信息来源于文献、媒体、他人、研究对象本身与自身的积累。相关人员应根据调查对象的性质、规模，以及需要的时间和费用，选择合理与适当的方法，认真设计调查程序，选择手段与工具，收集、积累好建设项目后评价数据。

1.高校需要收集与积累的建设项目后评价数据

项目后评价的核心是对比。即用科学的方法对已完成的建设项目与决策时确定的目标进行对比，与可研报告和投资方案中设定的各类经济技术指标进行对比，与国内同类的建设项目进行对比，找出差距和原因，进而提升和改进管理。因此，高校日常应加强和重视对相应数据的收集和积累工作，落实机构和责任，明确和规范数据收集格式和数据库的日常管理，并建立相应的数据收集与利用机制。

高校日常应注意收集整理的数据包括：

（1）国内高校类似建设项目平均经济技术指标；

（2）同区域的类似建设项目平均经济技术指标；

（3）本单位同期、同类项目的平均经济技术指标；

（4）本单位历史的、同类项目的平均经济技术指标；

（5）各建设项目的决策目标、可研报告及论证评审记录等；

（6）各建设项目建设及运营过程中的经济技术指标。

2.后评价数据的采集途径

调查方法可分为普查与抽样调查两大类，这两类都有文案调查、实地调查、问卷调查、实验调查等几种。

文案调查是上述各种调查方法中最简单、最一般和常用的方法，也是其他调查方法的基础；实地调查能够控制调查过程、应用灵活，信息充分，但耗时长、费用多，调查对象易受心理暗示影响，不够客观；问卷调查适应范围广、简单易行，费用较低，得到了大量应用；实验调查最复杂、费用高、应用范围有限，但调查结果可信度较高。

（1）文案调查法。文案调查法是指对已经存在的各种资料档案，以查阅和归纳的方式进行的市场调查。文案调查法又称二手资料或文献调查。

文案调查就是从浩繁的文献中检索出所需的信息的过程。文献检索分为手工检索和计算机检索。文案资料来源很多，主要有：国际组织和政府机构资料、行业资料、公开出版物、相关企业和行业网站、有关企业的内部资料[49]。

（2）问卷调查法。问卷调查法是调查人员以面谈、电话询问、网上填表或邮寄问卷等方式，了解调查对象的行为方式，从而收集信息。主要形式有访问调查、邮寄调查、电话调查、座谈会、个别深度访问、网上调查等。问卷调查法是市场调查常用方法，尤其在消费者行为调查中大量使用，其核心工作是设计问卷，实施问卷调查。

（3）实地调查法。实地调查法是调查人员通过跟踪、记录调查对象的行为取得第一手资料的方法，主要包括两个方面：一是对人的行为的观察，二是对客观事物的观察。本方法应用很广泛，常与询问法、搜集实物结合使用，以提高所收集信息的可靠性。

（4）实验调查法。实验调查法能通过实验过程获取其他手段难以获得的信息或结论。该法指调查人员在调查过程中，通过改变某些影响调查对象的因素，观察调查对象行为的变化，从而获得调查事件和某些因素之间的内在因果关系。

（5）网络信息收集法。网络信息是指通过计算机网络发布、传递和存储的各种信息。收集网络信息的最终目标是给广大用户提供网络信息资源服务，整个过程经过网络信息搜索、整合、保存和服务四个步骤。

3.后评价信息的管理

信息管理是指将分散、无序、庞杂的数据信息按照一定规则加以识别、编排，并记载各种信息之间的联系，进而保存、添加、检索、共享和利用。信息管理人员应确保将必要的原始信息收集齐全，加工成可用信息，还要确保单位内部人员在合适的时间以合适的形式取得并利用。信息管理要确保单位的信息准确、及时、安全，确保满足所有与工程咨询有关的信息要求。对于非数字信息，可参考图书馆藏书、文献分类与编目规则加以编排，购置相应设施存放此类信息；对于数字信息，可以通过建立数据库管理系统，将信息保存在计算机数据库中并备份。

（1）信息分类与编目

对于单位掌握的信息，有多种分类与编目方式。分类方法的选择，既要考虑单位拥有的信息内容、形式与性质，也要考虑单位为客户提供咨询服务的方式与特点，或者将两方面结合起来，使各种类别的信息便于查询。例如，单位新闻、单位规章制度、会议纪要等，可以归为一类，供一般用户查询。而对于图档，可以按项目名称、时间、业务部门、版本、关键字、文字说明、关联信息等逐层分类。

为了便于单位员工更好地利用单位拥有的信息资源，可以信息地图导航的方式编制目录。信息地图可按照上述分类方法编制，使用户能够快速找到他们需要的信息与资料。

（2）建立数据库管理系统

数据库管理系统是根据数据模型研制的描述、建立和管理数据库的专用软件，一般由数据库语言、数据库管理程序和数据库使用程序三部分组成。

1）数据库语言主要用于建立数据库、使用数据库和对数据库进行维护。

2）数据库管理程序是对数据库的运行进行管理、调度和控制的例行程序。

3）数据库使用程序是对数据进行维护使其处于运行状态而使用的各种数据库服务程序。

数据库管理系统的功能因系统不同而有所差异，一般包括：定义数据库、装入数据库、操作数据库、维护数据库、数据通信等。

数据库管理系统可分为小型和大中型数据库；亦可分为关系数据库、面向对象数据库、工程数据库、多媒体数据库等。关系数据库在一般信息系统中发挥着巨大作用，是面向对象数据库、工程数据库和多媒体数据库的基础。

（3）信息安全管理

信息安全一般指信息的完整和用途是否得到了有效保护。信息安全分为信息系统、数据库、个人隐私、商用信息、国家机密的保护等方面。保密技术的缺陷、网络无限制传播、计算机病毒、网络犯罪等都威胁到信息的安全。

三、高校建设项目后评价工作的培训管理

后评价工作是一项专业性强、涉及面广的工作，有针对性地对相关人员进行培训，是确保后评价工作质量的重要措施。此项工作通常由后评价归口管理部门来承担。

高校建设项目后评价管理团队培养是一项系统长期工程，团队培养的方式也很多，培训只是团队培养的方法之一，高校应该结合自身实际情况灵活整合和利用培训资源，紧密结合学校建设项目后评价管理活动中实际问题，开展有针对性的培训活动，更将有助于绩效提升。

1.培训计划的制定

（1）培训长期计划

1）确立培训目标。通过对培训需求的调查分析，将培训的一般需求转变为

培训的总体目标；通过对上年度培训计划的总结及分析培训的特殊需要，可以确立需要通过培训而改善现状的特别目标，成为本年度培训的重点项目。

2）培训目标分类。围绕高校建设项目后评价管理目标的培训应列入业务培训方案；围绕提高高校建设项目后评价管理水平的培训活动则应列入管理培训方案。因此，培训方案的制订是针对培训目标，具体设计各项培训活动的安排过程。

3）确定培训课程。课程是培训的主题，要求参加培训的员工，经过对某些主题的研究讨论后，达到对该训练项目的内容的掌握与运用。年度培训计划中，要对各类培训活动的课程进行安排，主要是列出训练活动的细目，通常包括：培训科目、培训时间、培训地点、培训方法等。注意培训课程的范围不宜过大，以免在各项目的训练课程之间发生过多的重叠现象；但范围也不宜过狭，以免无法真正了解该项目的学识技能，应主要以熟悉该训练项目所必需的课程为限。培训课程确定后，需选编各课程教材。

4）培训预算规划。培训预算是学校建设项目后评价管理归口部门在制订年度培训计划时，对各项培训方案和管理培训方案的总费用的估算。预算是根据方案中各项培训活动所需的经费、器材和设备的成本以及教材、教具、外出活动和专业活动的费用等估算出来的。

（2）培训短期计划

短期计划指针对每项不同科目、内容的培训活动或课程的具体计划。制订培训活动详细计划的步骤。

1）确立训练目的。阐明培训计划完成后，受训人应有的收效。

2）设计培训计划的大纲及期限。为培训计划提供基本结构和时间阶段的安排。

3）草拟训练课程表。为受训人提供具体的日程安排，落实到详细的时间安排，即训练周数、日数及时数。

4）设计学习形式。为受训人完成整个学习计划提供有效的途径，在不同学习阶段采用观察、实习、开会、报告、作业、测验等不同学习形式。

5）制订控制措施。采用登记、例会汇报、流动检查等控制手段，监督培训计划的进展。

6）决定评估方法。根据对受训人员的工作表现评估以及命题作业、书面测验、受训人员的培训报告等各方面来综合评价受训人员的培训效果。

2.高校建设项目后评价培训应注意事项

高校建设项目后评价培训要取得成效，要切实把握好"三性"。

（1）系统性。根据学校建设项目后评价工作现状及发展目标，系统制定各部门、岗位的培训发展计划。管理者必须对培训的内容、方法、教师、教材和参加人员、经费、时间等有一个系统的规划和安排。培训内容的适当与否是培训能否有效的关键因素，为此必须做好培训前的需求分析。

（2）前瞻性。建设项目后评价培训不仅仅是为了目前的需要，更要考虑将来的长远发展。

（3）针对性。要"有的放矢"，把握好建设项目后评价培训的主方向、主目标，不能"漫无目的"地所有项目一起上，一定时期内，还需要主题明确、中心突出[50]。

3.高校建设项目后评价培训方案设计流程

（1）培训需求分析

进行培训前，计划管理员应从费用、时间和精力等必需的培训活动成本进行需求分析，根据需求来指导培训方案的制定，要有的放矢，不能单纯地为培训而培训。

培训需求分析应从多维角度来进行，包括组织、工作、个人三个方面。首先进行组织分析。组织分析指确定组织范围内的培训需求，以保证培训计划符合组织的整体目标与战略要求。其次进行工作分析。工作分析指员工达到理想的工作绩效所必须掌握的技能和能力。最后进行个人分析。个人分析是将员工现有的水平与预期未来对员工技能的要求进行比照，发现两者之间是否存在差距。由于培训的对象是员工，若存在的问题培训能够解决时，则进行员工培训并设计具体的培训方案。

（2）培训方案各组成要素分析

培训方案是培训目标、培训内容、培训指导者、培训受训者、培训日期和培训时间、培训场所与培训设备以及培训方法的有机结合。

1）明确培训目标

培训目标的设置有赖于培训需求分析。通过分析，我们明确了员工未来需要从事某个岗位，消除现有员工的职能和预期职务之间存在一定的差距就是我们的培训目标。培训目标是培训方案实施的导航灯。有了明确的培训总体目标和各层次的具体目标，对于培训指导者来说，就确定了实施培训计划，积极为实现培训目标而教学；对于受训者来说，明了学习目的之所在，才能少走弯路，朝着既定的目标而不懈努力，才能达到事半功倍的效果[51]。

培训目标与培训方案其他因素是有机结合的，只有明确了目标才有可能科学设计培训方案其他的各个部分，使设计科学的培训方案成为可能。

2）选定培训内容

在明确了培训的目的和期望达到的学习结果后，接下来就需要确定培训中所应包括的传授信息了。尽管具体的培训内容千差万别，但一般来说，培训内容包括三个层次，即知识培训、技能培训和素质培训，究竟该选择哪个层次的培训内容，应根据各个培训内容层次的特点和培训需求分析来选择[51]。

一般来说，管理者偏向于知识培训与素质培训而员工则倾向于知识培训和技能培训，它最终是由受训者的"职能"与预期的"职务"之间的差异所决定的。

3）筛选受训者

根据组织的培训需求分析，不同的需求决定不同的培训内容，从而大体上确定不同的培训对象，即受训者。

基础知识培训。即让参训人员了解什么是项目后评价，它与其他管理手段的区别，以及开展项目后评价的主要程序和方式方法。这一类普及式培训方式，适用于较大范围的各级管理人员。

专业技能培训。即针对承担后评价组织实施职责的人员所开展的技术培训，培训内容更侧重于业务实务操作，目的是使其能够适应组织和实施项目后评价工作的职责要求，圆满完成组织自我评价以及委托第三方后评价机构开展评价的工作任务。这一类专业培训方式，适用于各级后评价管理人员[51]。

4）培训日期的选择

在做培训需求分析时，确定需要培训哪些知识与技能，根据以往的经验，对这些知识与技能培训做出日程安排，看大致需要多少时间，以及培训真正见效所需的时间，从而推断培训提前期的长短，根据何时需用这些知识与技能及提前期，最终确定培训日期。

通常情况下，有下列情况之一时就需要进行培训。首先是新员工加盟组织。大多数新员工都要通过培训熟悉组织的工作程序和行为标准，即使新员工进入组织前已拥有了优异的工作技能，他们也必须了解组织运作中的一些差别，很少有员工刚进入组织就掌握了组织需要的一切技能；其次是员工即将晋升或岗位轮换和环境的改变。虽然员工已经成为组织的老员工，对于组织的规章制度、组织文化及现任的岗位职责都十分熟悉，但晋升到新岗位或轮换到新岗位，从事新的工作，则会产生新的要求，尽管员工在原有岗位上干得非常出色，对于新岗位准备得却不一定充分，为了适应新岗位，则要求对员工进行培训[51]。

5）确定培训方法

培训的方法有多种，如讲授法、演示法、案例法、讨论法、视听法、角色扮演法等，各种培训方法都有其自身的优缺点，为了提高培训质量，达到培训目的，往往需要各种方法配合起来，灵活使用。在培训时可根据培训方式、培训内容、培训目的而择一或择多种配合使用。

6）选定培训场所及设备

培训内容及培训方法决定着培训场所及设备。培训场所有教室、会议室、工作现场等。培训设备则包括教材、笔记本、笔、模型，有的还需幻灯机、录像机等，不同的培训内容及培训方法最终确定了培训场所和设备。

（3）培训方案的评估及完善

从培训需求分析开始设计培训方案，从制定培训目标到培训方法的选择以最终制定一个系统的培训方案，这并不意味着培训方案的设计工作已经完成，因为任何一个好的培训方案必是一个由制定→测评→修改→再测评→再修改…→实施的过程，只有不断测评，修改才能使培训方案臻于完善。

四、高校建设项目后评价工作的过程管理

1. 高校建设项目第三方后评价机构选聘管理

（1）第三方后评价机构选聘方式和选聘条件

第三方后评价机构的选聘方式主要有招标、竞谈、比选、直接聘请等方式。第三方后评价机构选聘条件有：

1）在中华人民共和国境内注册并具有独立法人资格、具有独立承担民事责任能力的企事业单位、行业协会等；

2）具有固定的办公场所及开展评价工作的办公条件，具有健全的财务管理制度、良好的财务状况和商业信誉；

3）具有相关行业管理组织机构颁发的专业资质；

4）具有开展建设项目后评价业务要求的，熟悉政府投资领域的政策法规及相关规定、项目审批流程和项目建设程序、丰富的相关行业管理经验、相关专业技术职称或从业资格、良好的职业道德和信誉等的专业技术及管理人员；

5）具有建设项目后评价相关评价的经验。没有因违法违规行为被国家行政执法、行业管理部门或行业协会禁入、列入"黑名单"的记录；在曾经委托的建设项目后评价及其他工程咨询工作中没有出现重大质量问题和不良记录；

6）未承担委托项目可行性研究、设计、施工、监理等决策咨询、工程建设服务等工作；

7）其他应具备的条件。

（2）第三方后评价机构的基本素质

1）专业胜任。第三方后评价机构应当掌握国家和项目所在地建设项目管理相关政策规定，熟悉具体建设项目涉及的行业领域，具备财政预算管理、工程建设、政府采购、投资融资、项目运营、绩效评价等管理相关政策知识，具备较为丰富的实操经验。能够持续保持并不断提高相关领域的专业水平，满足建设项目后评价服务要求。

2）勤勉尽责。第三方后评价机构应当勤勉履职，审慎开展相关工作。在服务过程中应借鉴以往建设项目后评价服务实操经验，主动发挥专业技术优势，在充分了解项目背景、前期手续完备、调研数据等文件资料的基础上，严格遵循法律法规、政策制度和行业规范，不得单独或会同评价对象对评价报告造假，审慎出具服务成果。

第三方后评价机构提供的服务成果，应当加盖公章，并由有资质人员签字确认。

3）质量控制。第三方后评价机构应强化团队管理，加强内部复核，加强对服务成果的质量控制。鼓励第三方后评价机构建立项目组内部复核、质量控制部门复核、单位负责人复核三级复核制度，确保工作成果质量满足项目决策需要。

4）保持独立。在第三方后评价机构选择时，应当关注并始终保持第三方后评价机构在具体项目全生命周期中的专业性、独立性，坚持"不相容业务应由独立第三方承担"原则，防止出现机构自设标准、自我评价。第三方后评价机构应秉承独立客观公正的立场从事相关服务，避免利益冲突。参加过同一项目前期、建设工作或编写总结报告的机构不得承担该项目的后评价工作。

（3）第三方后评价机构的管理

高校除了统一建立中介机构备选库，明确第三方后评价机构进入备选库应具备的专项条件之外，还应建立第三方后评价机构的退出机制。即由后评价归口管理部门负责对第三方后评价机构的服务质量、执业情况实行动态跟踪和评价。对于发生下列情形之一的第三方后评价机构，予以退出备选库：

1）已不符合中介机构备选入选条件的；

2）发现有弄虚作假、恶意串通等不诚实行为的；

3）泄露国家机密和学校秘密的；

4）执业水平、执业质量不高，其出具的项目后评价报告经专家审查有重大质量问题或与实际情况严重不符的；

5）工作失误造成受评部门或学校重大损失的；

6）上级管理部门或学校认为不符合要求的其他情况。

2.高校建设项目后评价工作的过程管理

加强后评价项目的过程组织与管理，并对其进行指导和监督，是学校在高校建设项目后评价工作中的主要职责之一。

学校首先应明确自身在后评价工作中的管理定位，即是领导和组织机构，但不是后评价实施机构。高校应在尊重后评价工作的独立性、客观性、公正性要求的基础上，做好组织与管理工作，争取做到"管理到位，但不越位"的三个"可以"，即可以提供各种条件和必要的协助工作以满足后评价的工作需要，但不能妨碍第三方后评价机构独立自主地开展评价工作；可以旁站监督工作过程，但不宜过多参与和干涉评价人员的实际工作；可以对评价分析的严谨性与客观性、证据的合理性、结论的准确性进行审核，但不宜通过发表意见或其他行为直接或间接影响评价人员及评价结论等。

（1）质量管理

后评价项目能否实现预期目标，是后评价归口管理部门对项目实施过程管理的工作重心。后评价归口管理部门可采取多种手段来实现后评价项目质量的管理和控制。

1）事前，对后评价工作实施方案的评审

后评价工作实施方案是第三方后评价机构在了解委托单位需求和目标以及后评价单位的基本信息之后，所编制的能够向学校说明后评价工作思路、程序、人员安排、时间计划、费用预算、成果提交方式与时间等内容的书面材料，是评价工作的实施依据和工作基础。

后评价归口管理部门应组织相关人员对后评价工作实施方案进行严格评审，应对第三方后评价机构提出明确要求，要求其在签约后应严格遵照评审通过后的工作实施方案，以对后评价工作质量实施前的预防性控制。后评价归口管理部门应与后评价工作实施方案的编制人员就不明确的细节进行研究和深入探讨，必要时应要求第三方后评价机构进行修订和完善后再次评审。评审后评价工作实施方案时应重点关注内容有：

①对评价目的的理解是否充分、到位；

②评价内容和范围是否完整；

③评价工作方法是否合理、科学、可行，以确保评价目标可实现、评价结论可信；

④评价工作程序是否合理、可行，是否与目标及方法匹配，并足以支持相应各阶段工作成果的完成；

⑤项目经理的管理经验与后评价项目业绩；

⑥工作组人力资源配备的专业性与合理性，是否足以满足后评价任务的按期按质完成等。

2）事中，对现场调研阶段工作过程的组织与监督

作为项目后评价的归口管理单位，应当配备相应的项目管理人员，全程参与后评价项目实施过程，尤其对评价工作组各成员在现场调研阶段的工作态度、工作程序等进行实时监督和指导。主要包括：

①是否按照实施方案和各阶段工作计划开展相应的调查工作，是否存在丢项漏项；

②现场调研工作的开展是否准备充分、执行有序；

③评价专家及工作组成员是否廉洁自律、工作认真负责；

④各阶段工作成果的形成是否有相应的调查工作及依据作为支持等。

3）事后，对项目后评价报告质量的评审控制

项目后评价报告是整个项目完成的最终成果，项目后评价归口管理部门应组织相关人员或外聘专家组对后评价报告进行评审。评审中对项目后评价报告质量进行控制的措施为：

①报告内容是否完整；

②分析评价工作所采用的法规、各种规范、技术经济标准、经济参数、计算分析公式、计价依据是否正确、合理；

③涉及的事实描述是否客观属实、评价依据是否充分，数据计算是否准确无误；评价结论描述是否准确清晰、客观、公正，并有充足的实施和证据为支持；

④工作组针对报告评审时各评审专家所提意见进行的调整、纠正、补充是否恰当和准确。

（2）进度管理

在项目进度管理方面，后评价归口管理部门与评价工作组建立定期沟通机制，双方定期讨论、分析和研究解决工作进展中的问题，找出哪些地方需要采取纠正措施，哪些地方需要加强投入，以确保工作进度按计划进行。可采用的主要措施有：

1）事前应加强对项目后评价实施方案的审核与评审

在项目正式启动之前，应对第三方后评价机构提交的实施方案中所列各阶段

工作计划、工作成果、责任分工和必要条件进行充分的讨论，明确各个关键节点的时间、成果和相应保障控制措施。第三方后评价机构以委托单位审核通过后的实施方案作为执行依据。

2）事中应强化过程中进度监管和控制

①开展过程记录。采用各种控制手段保证项目及各个阶段工作按计划及时开始，在实施过程中记录各阶段活动的开始和结束时间及完成程度。

②强化阶段总结与分析。

③应明确要求评价工作组定期提交阶段性总结报告，汇报各项工作进展情况。

④在各控制期期末，后评价归口管理部门应根据评价工作组提交的阶段性总结报告，将各活动的完成程度与计划对比，确定整个项目的完成程度，并结合工期分析、成果提交等指标，评价项目进度状况。

⑤评审控制。如出现偏差，第三方后评价机构应按照工作目标制定调整计划报委托单位。委托单位对第三方后评价机构提交的调整措施和新计划进行评审，分析调整措施的效果。对于不符合要求的，应与评价工作组商讨修订。

（3）沟通与协调管理

后评价工作是一项由委托单位、受评部门、第三方后评价机构等多方参与的系统工程。项目任务的顺利完成，需要各方的积极协助和配合，而这种协作是以顺畅、高效地沟通作为基本保障的。

后评价归口管理部门作为联结各方的纽带和桥梁，与各方之间的沟通协调是其重要职责之一，也是项目得以顺利完成的基本保障。其沟通协调职责主要体现在：

1）整体后评价工作的过程组织与领导；

2）与第三方后评价机构之间就评价目标、内容和工期的沟通确认；

3）与受评部门之间就后评价的工作联络、部署与安排的沟通；

4）与评价工作组之间就重要评价意见的确认与沟通；

5）对后评价报告组织评审；

6）对评价工作组提供其他需求事项的协助和沟通工作。

五、 高校建设项目后评价成果及其应用管理

1.高校建设项目后评价报告的沟通与评审流程

项目后评价报告是开展后评价工作的最终成果。因此，后评价归口管理部门

需要加强对后评价报告的沟通与评审环节的管控，以确保报告质量。

（1）后评价工作联席会

评价工作组形成项目后评价的初步评价结论之后，由后评价归口管理部门组织召开由第三方后评价机构、受评项目管理部门、委托单位其他相关职能部门参加的工作联席会，由评价工作组将取证材料及初步评价结论向与会各方交流，听取各方反馈意见。在不具备会议召开条件的情况下，可采取书面形式将相关材料送达有关部门和单位，听取各方书面反馈意见，各单位可在约定期限内就取证材料和评价结论提出反馈意见，必要时还应附相应证明材料。

（2）建设项目后评价报告初审及意见反馈

评价工作组完成项目后评价报告的撰写工作之后，首先提交建设项目后评价报告至后评价归口管理部门进行初审，后评价归口管理部门主要从报告内容的完整性、内容深度是否符合合同约定和预定目标等角度对后评价报告进行审核，同时应重点关注所采用的评价依据是否正确合理、评价过程是否按规定的程序和方法进行、取证文件是否真实、充分和有效、评价结论是否恰当且理由充分、有无重大事项遗漏等内容，并将审核意见及时反馈给评价工作组。对于存在异议的环节应与评价工作组进行讨论，必要时可要求评价工作组补充开展调查工作，并对报告进行修订和完善后重新报审直至通过。

（3）专家评审及意见反馈

第三方后评价机构根据初审意见完成报告的修订工作之后，由后评价归口管理部门组织评审专家组对报告内容进行评审。评审专家组由后评价归口管理部门从学校的外部咨询专家库中抽取相关专家组成。专家评审主要关注的是报告所采用的方法是否合理、分析是否专业和正确、评价结论是否恰当且理由充分、取证文件是否真实有效、经验总结是否深刻到位、针对不足所提建议是否切实可行等。评价工作组根据专家评审意见对报告进行修订和完善后重新报审直至通过。

2.高校建设项目后评价成果应用

第三方后评价机构提交正式《项目后评价报告》后，由后评价归口管理部门负责组织将报告送达相关领导、部门、二级单位等。报告的送达范围应按照利益相关、成果应用为原则预先有明确的界定，以确保后评价成果在投资决策辅助、项目管理改进、责任追究等方面得到充分的应用。

涉及需要对报告所反映的不足进行整改的，应依据领导小组下发的批示意见，由受评部门在要求期限内拟订整改计划，以明确整改措施、落实责任和完成的时间计划，报领导小组审核通过后执行整改。后评价归口管理部门和职能管理部门负责对各单位整改计划执行情况的督办。

（1）后评价报告的分发

为了达到改善投资管理和决策，实现提高投资效益的目的，后评价归口管理部门应在建设项目后评价的相关管理制度中对项目后评价报告的使用范围做出明确、合理的界定，以确保后评价成果在规划、投资决策、责任追究和管理改进方面得到充分、合理的应用。后评价报告的分发和使用范围见表3-1：

后评价报告的分发和使用范围 表3-1

序号	报告使用单位	后评价报告使用目的
1	委托单位管理层	1）了解建设项目的总体目标实现情况； 2）掌握建设项目决策与管理环节存在的不足； 3）改进与完善建设项目管理制度
2	受评部门	1）掌握建设项目的目标实现情况； 2）掌握受评部门（项目）的持续能力； 3）掌握本单位在建设项目管理环节存在的不足； 4）改进与完善项目管理与监督检查制度； 5）将评价结果纳入项目主要管理人员的绩效考核以及干部任免管理工作； 6）指导未来同类项目的经营管理工作

（2）后评价成果的汇报与研讨

除了装订成册的后评价报告需要分发给相关机构阅读和借鉴之外，就后评价报告的主要结论向委托单位后评价工作领导小组进行汇报并进行研讨，这种汇报多以管理专项研讨会的形式开展。

汇报人通常由后评价工作组的项目经理担任。领导小组听取后评价报告汇报后对报告所反映的不足和所提建议进行讨论，就如何安排受评项目整改、怎样吸取教训以及实施责任追究等事项进行深入研讨，形成一致意见后以会议纪要形式向各职能部门及下级单位下达批示意见。

（3）后评价成果的具体应用

从建设项目的生命周期角度来看，项目后评价是一种连接过去和未来、用于规划和决策的辅助工具。

1）辅助决策

已建建设项目的后评价结果可应用于辅助投资决策。辅助投资决策就是向决策者提供及时准确的信息和依据，帮助他们做出对学校更有利、更科学的投资决策。其主要体现在指导规划、制定预算和辅助决策三个方面，其中依据评价结果来辅助决策是最为重要的方面。

在学校投资决策阶段，评审材料中须附上同类项目的后评价报告，要参考过去同类项目的后评价结论和主要经验教训，在项目决策前深入剖析已发生问题的深层次原因，并在新项目的策划筹备阶段即着手设计和采取有针对性的措施来预防和避免类似问题的再次发生，才能使得投资决策更合理、更科学，进而确保新项目的预期目标顺利实现。

2）管理改进

通过建设项目后评价促动高校项目管理改进，其本质是通过对建设项目实施过程中任何一个时点上项目的资源输入、管理活动与直接提交物等实际情况的监测与评价，确定直接结果与预期目标的偏离程度，并将有关信息及时反馈给项目决策者、管理者，以便及时做出调整和变化，针对不足强化管理，控制建设项目实施和运营过程中出现的目标偏离情况，或者根据实际情况修改原定目标以适应新形势的要求，从而保证确保项目目标和预期效果的实现。这个过程中，能够反映项目真实状态的项目评价结果是监控管理的基础和根本保障[52]。

通过项目后评价成果的应用，可以推动项目有关各方管理水平的提升。主要体现在：

①受评项目管理部门

项目后评价通过运用实际数据、资料来评价、分析受评项目管理中存在的问题，总结研究项目各阶段变化的内在联系和促成因果，可以使资源分配、资金使用等方面的管理业绩和存在不足得到真实反映，可以找出投资体制和项目管理过程中存在的不足及其形成原因。受评项目管理部门要据此申报不足事项的整改计划、拟订整改措施、明确责任部门和完成时间，由相关上级管理单位和后评价归口管理部门负责督办落实。这直接促进了项目管理部门的管理改进和水平提升。

②新建项目和在建项目

通过运用后评价结论和所获得的经验和不足，可以帮助相关单位未雨绸缪提前防范，杜绝类似问题的再次发生，提升新建项目和在建项目的决策和管理水平，提高资源的使用效率和效果。

③委托单位

项目后评价通过对项目目标、执行过程、效益、作用和影响进行全面系统的分析，总结正反两方面的经验教训，使委托单位能够学习到更加科学合理的方法和策略，根据所反映出来的不足，健全与完善相应的管理制度、决策机制、管理流程、监测分析、考核和责任追究机制，进而提高投资决策、项目管理和建设水平。

第四章

高校建设项目后评价实务流程

基于上述章节对高校建设项目后评价的阐述与研究，梳理出一套高校建设项目通用性后评价流程。本章将实务流程分为组织机构和制度建设、项目后评价前期准备、现场调研、项目分析与评价以及编写后评价报告五部分进行展开描述。

第一节　组织机构和制度建设

一、设置项目后评价组织管理机构

1.成立建设项目后评价领导小组

为加强高校后评价工作的统一指挥和领导，依据高校建设项目决策组织体系，见图4-1，高校宜成立后评价工作领导小组，作为高校建设项目后评价工作的领导机构。高校主管领导对建设项目后评价负总责；项目建设领导小组相关成员部门，如发展规划、基建、财务、审计、纪检监察、后勤或物业管理、用户等，依据职责分工对前期管理、实施过程管理、资金管理、审计监督管理、运维管理、功能化管理等相关工作负直接责任。

> ****高校建设项目后评价工作领导小组**
> 组长：主管审计工作校领导
> 成员：校办、发展规划部、资产管理处、基本建设处、后勤管理处、审计处、财务处、学院等部门负责人
> 办公室设在审计处

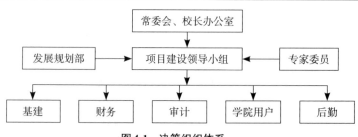

图4-1　决策组织体系

2.明确机构定位和职责分工

依据建设项目后评价管理工作内容，根据各组织机构的功能定位，确定各自的职责分工。具体职责分工见表4-1。

组织机构职责分工

表4-1

组织定位	机构名称	具体职责分工
后评价指导及监督机构	学校建设项目领导小组或校常委会	1）制定后评价管理办法和实施指导原则； 2）检查督促学校后评价制度的建立和后评价工作的开展； 3）后评价工作成果的具体应用； 4）组织开展后评价工作的培训和交流活动
后评价领导机构	后评价工作领导小组	1）制定建设项目后评价的规章制度和实施细则； 2）领导、指导和监督本校的项目后评价工作； 3）审核并确定后评价项目； 4）审议批准后评价年度工作计划； 5）监督检查不足事项的整改落实； 6）配合完成上级主管部门安排的项目后评价工作等
后评价归口管理部门	后评价工作领导小组办公室	1）负责执行或向中介机构传达领导小组的工作部署和要求； 2）负责学校项目后评价的组织、协调、培训和管理； 3）拟订学校项目后评价相关制度和实施细则； 4）对建设项目的总结报告进行分析评价； 5）筛选并提出后评价项目选择建议； 6）拟订后评价年度工作计划； 7）负责第三方后评价机构的选聘和管理； 8）后评价项目的过程组织与管理，督促和指导第三方后评价机构工作按实施方案规范有序地开展； 9）根据领导批示，对有关责任单位的不足整改情况进行督办； 10）总结投资效果和经验，配合完成上级主管部门安排的项目后评价工作等
受评部门	建设项目管理部门	1）根据学校建设项目后评价工作的有关具体要求，完成项目总结报告； 2）配合后评价管理部门开展项目后评价； 3）提供后评价所需的信息资料； 4）组建配合工作组，配合协调后评价现场调查以及其他相关事宜
后评价协作管理部门	校办、发展规划部、资产管理处、后勤管理处、财务处、学院用户等各职能部门	1）协助提供项目基础信息； 2）根据职责及项目管理现状，向后评价管理部反馈受评项目选择意见； 3）配合项目后评价工作的实施； 4）根据领导批示，对后评价报告所提不足与建议予以反馈，落实整改责任； 5）其他后评价成果的应用； 6）对建设项目管理部门提交的总结报告进行审核与评价

组织定位	机构名称	具体职责分工
后评价实施机构	第三方后评价机构	1）接受后评价委托，拟订后评价工作实施方案； 2）组建后评价工作组（聘请专家）并开展内部培训； 3）组织实施后评价现场调查、管理人员访谈、取证、专家研讨以及其他评价程序； 4）根据学校建设项目后评价工作的有关具体要求，编制项目后评价报告； 5）根据需要与委托单位、受评部门及时沟通，并负责向委托方定期做工作汇报

二、完善项目后评价管理制度

1.《**高校建设项目后评价管理办法参评指南》

为完善高校建设项目后评价管理，推进项目后评价工作顺利开展，根据《政府投资条例》《国务院关于投资体制改革的决定》《国家发展和改革委员会关于印发中央政府投资项目后评价管理办法和中央政府投资项目后评价报告编制大纲（试行）的通知》（发改投资〔2014〕2129号）《**高校建设项目后评价管理办法》和相关法律、法规，结合高校建设项目后评价工作的实践经验，指导高校对建设项目进行有效管理，并配合项目后评价实施机构高质、高效开展建设项目后评价的各项工作，学校应制定发布包括项目后评价管理工作概述、工程建设项目后评价参评工作指引、后评价工作提交文件汇总等内容的《**高校建设项目后评价管理办法参评指南》，对建设项目管理部门在项目管理过程及后评价过程中主要工作内容、后评价内容及评价要素、后评价必查资料及编制要求予以明确。

**高校建设项目后评价管理办法参评指南

第一章 总 则

1.1 编制目的

制定本参评指南目的系为指导学校对建设项目进行有效管理，并配合项目后评价实施机构高质、高效开展学校建设项目后评价的各项工作。

1.2 编制依据

**高校建设项目建设管理办法

**高校建设项目全过程管理办法

**高校建设项目后评价管理办法

**高校建设项目后评价实施机构操作指引

1.3 适用范围

本参评指南主要适用于实施项目后评价所涉及的项目相关单位。

第二章 项目后评价管理工作概述

2.1 后评价工作界定

高校建设项目后评价是指选择已通过项目验收并投入使用或运营一定时间的建设项目，对其投资决策、建设管理、项目效益等方面的实际效果进行评价，提出相应意见和建议。

2.2 后评价工作内容

2.2.1 主要内容

项目后评价实施机构根据项目具体情况确定后评价内容，包括项目过程评价、项目效果评价和项目可持续性评价等方面，每个方面的具体评价内容可根据需要增加或简化。主要评价内容如下：

（1）项目过程评价

分析和评价项目预设目标、申请立项、建设（采购）实施、项目运营（行）等各个阶段工作的合理性、合规性、有效性和成功度，总结各阶段的成功经验和失败教训。可分为项目前期决策评价、项目建设（采购）实施评价和项目运营（行）评价等。

（2）项目效果评价

分析和评价项目建设（采购）和运营（行）所产生的实际效果，并为项目可持续性评价提供依据，包括建设规模效应评价、功能效果评价、经济效益评价等。

（3）项目可持续性评价

分析评价项目对自身、经济、社会、资源环境的影响与可持续性效果。主要包括生态效益评价、社会效益评价等。

（4）项目单位总结报告评价

总结归纳项目单位总结报告的内容，并对总结报告的编制水平做出客观评价。

（5）总结与建议

归纳总结过程后评价、效果后评价、可持续性评价等方面的内容与结论，按照决策和管理部门所关心问题的重要程度，提炼项目各阶段的成功经验和不足事项，并提出相应的解决方法和相关建议。

2.2.2 后评价等级划分

根据项目后评价指标对项目进行评分，将后评价结果划分为A、B、C、D四个等级，分别表示优秀、良好、合格、不合格。对应级别如表1。

高校建设项目后评价等级表　　　表1

等级		分值区间	含义描述
A	优秀	90分及以上	完全实现或超过项目预期目标，完全符合规范，项目总体效益非常大，不利影响非常小
B	良好	80～89分	实现大部分项目目标，大部分符合规范，总体效益较大，不利影响小于预期
C	合格	60～79分	项目关键目标基本实现，基本符合规范，总体效益一般，不利影响在可接受范围内
D	不合格	60分以下	项目未实现预期目标，不符合规范，没有取得重大效益，不利影响很大

2.3 后评价成果应用

学校项目建设领导小组根据项目后评价成果，及时总结和推广，对项目后评价评分等级为A的项目，进行典型案例示范推广；评分等级为D的项目，报学校对项目单位在一定范围内予以通报。

建设项目后评价工作领导小组办公室会同有关部门认真分析项目后评价过程中发现的不足及原因，提出改进措施或整改意见，并督促项目单位落实。项目单位应认真落实整改措施，并形成整改报告报送至建设项目后评价工作领导小组办公室。

2.4 后评价参评指南使用指引

为进一步推进高校建设项目后评价阶段工作顺利开展，根据项目特点编制工程建设类后评价参评工作指引，项目单位应结合项目情况根据本指南中各阶段主要工作内容、后评价工作内容及评价要素编制相应文件，按照高校建设项目管理规定流程开展工作，并留存项目相关资料。

第三章　工程建设项目后评价参评工作指引

3.1 前期阶段

3.1.1 主要工作内容

前期阶段主要工作事项：项目建议书编制、立项申报、办理用地手续、设计招标、方案设计与审核、项目可行性研究报告编写、初步设计及概算编制、总预算编制。

前期阶段主要工作要求：委托具有相应资质的单位编制报批文件，审核报批文件确保符合审核要求，按规定流程和时限进行报批报审，留存项目相关资料。

3.1.2 后评价内容及评价要点

前期阶段主要评价要点：项目预设目标的合理性和可操作性，包括项目目标设计评价、项目目标实现评价、项目前期决策评价。

序号	评价内容	评价要点
1	项目目标设计	分析项目立项时的目标，评价项目立项时目标设计的完整性、合理性、可行性
2	项目目标实现	对项目预设目标的实现程度和偏离程度进行评价，评价项目立项时预设的建设目标达成度和效益目标达成度
3	项目前期决策	分析项目决策依据的充分性和审批程序的合法性

3.1.3 后评价必查资料及编制要求

资料名称	编制要求	必备要素	备注
前期立项申请报告及批复文件	项目立项依据、规模、必要性阐述详细且清晰	年度投资计划表	
项目建议书及批复文件	①若请第三方机构编制项目建议书，编制单位应具备项目建议书编制资质； ②建设的必要性和依据； ③拟建地点、拟建规模、需求分析； ④投资匡算表； ⑤资金筹措设想； ⑥建设条件和项目实施计划； ⑦经济效益和社会效益的初步分析	1.项目建议书： ①项目建设的必要性和依据 ②拟建地点 ③拟建规模 ④投资匡算 ⑤资金筹措 ⑥建设周期 ⑦经济社会效益 2.项目建议书审批申请表： ①投资匡算 ②资金来源 ③建设内容 ④建设必要性和依据 ⑤项目经济和社会效益 ⑥建设单位主要负责人签字	项目建议书原则上应当委托具有相应资质的工程咨询机构编制，当项目管理部门具有能力时可自行编制项目建议书
可行性研究报告及批复	①编制单位应具备项目可行性研究报告编制的资质； ②包含项目建议书批复文件或前期计划批文； ③包含规划国土等相关部门出具的规划选址意见书、用地批复以及环境影响评价等文件； ④符合相关规范性文件要求；	①项目建设背景 ②项目建设必要性 ③建设条件 ④建设方案 ⑤节能节水措施 ⑥环境影响评价 ⑦项目招标与实施进度 ⑧投资估算及资金筹措	

资料名称	编制要求	必备要素	备注
可行性研究报告及批复	⑤重大技术、经济方案，应有两个以上方案的比选；⑥所附图表满足可行性研究报告评审要求	⑨项目风险分析 ⑩社会效益分析 ⑪结论与建议	
项目概算及批复文件	项目各部分费用清晰明了，附总表和附表	①项目前期阶段审批情况 ②项目概算基本情况 ③申请材料清单等	
项目技术方案	项目建设技术设计方案阐述详细且清晰	①项目概况 ②项目使用技术 ③项目技术的重点难点与解决措施	
初步设计文件及批复文件	项目初步设计图清晰，且附上工程概算与编制说明	①设计图纸 ②工程概算 ③编制说明	
新开工计划申请表	项目建设周期、资金安排、进度安排合理清晰	①项目前阶段审批情况 ②项目资金安排情况 ③项目建设周期 ④本年度项目建设进度安排 ⑤申请材料清单	
续建计划申请表	项目续建计划、资金安排、进度安排合理且清晰	①项目前阶段审批情况 ②项目续建资金安排情况 ③项目续建周期 ④本续建进度安排 ⑤申请材料清单	
年度政府建设项目计划表	项目建设依据、计划投资金额、进度安排清晰	①年度政府建设项目依据 ②年度政府建设项目计划金额 ③年度政府建设项目计划表	
招标投标文件	项目招标要求合理且明确	①设计招标文件 ②监理招标文件等	包括开标记录、评标定标报告等
建设工程规划许可证	根据相关部门要求编制	①许可证编号 ②发证机关名称和发证日期 ③用地单位 ④用地项目名称、位置、宗地号以及子项目名称、建筑性质、栋数、层数、结构类型 ⑤计容积率面积及各分类面积 ⑥附件包括总平面图、各层建筑平面图、各向立面图和剖面图	
合同清单及主要合同执行情况	项目合同清单完整，要求明确	①设计合同文件 ②监理合同文件等 ③项目合同执行情况	

高校建设项目后评价理论与实践

资料名称	编制要求	必备要素	备注
环境影响调查报告	项目对环境将产生影响阐述详细且清晰,并有结论及建议	①建设项目基本情况 ②建设项目所在地自然环境社会环境简况 ③环境质量状况 ④评价适用标准 ⑤建设项目回顾性分析 ⑥建设项目工程分析 ⑦项目主要污染物产生及排放情况 ⑧环境影响分析 ⑨环境风险分析 ⑩环保措施分析 ⑪建设项目拟采取的防治措施及治理效果 ⑫选址环境合理性分析 ⑬结论与建议	
民意调查报告	项目对社会公众将产生影响阐述详细且清晰,并有结论及建议	①建设项目基本情况 ②建设项目所在地社会环境简况 ③建设项目对社会公众产生影响分析 ④结论与建议	
节能专项审查	项目建设节能方案阐述详细且清晰,并有结论及建议	①分析评价依据(相关法律、法规、规划、相关标准及规范) ②项目概况(投资单位基本情况、项目基本情况、项目建设方案、项目用能特点) ③能源供应分析(项目所在地能源供应条件及消费情况、项目能源消费品种、能源数量对地区资源和能源供应、能源消费的影响) ④项目建设方案节能分析(项目布局对能源消费的影响、项目工艺流程或技术路线方案对能源消费的影响、项目主要用能工艺、设备能耗指标和能效水平、辅助、附属生产系统的能耗指标和能效水平、原有设备和建筑物的耗能状况,用能存在的主要问题) ⑤项目能源消耗及能效水平分析(项目能源消费种类、来源及年消耗总量、能源加工、转换、贮存、利用情况、能效指标及水平) ⑥节能措施分析评价(节能措施、节能管理措施、节能措施经济性分析)	

第四章 高校建设项目后评价实务流程

资料名称	编制要求	必备要素	备注
节能专项审查	项目建设节能方案阐述详细且清晰，并有结论及建议	⑦存在问题及建议 ⑧结论 ⑨附图、附表	
风险评估报告	项目建设情况及危险程度阐述详细且清晰，并有结论及建议	①项目建设单位情况 ②项目工程名称和地址 ③项目工程的危险程度、工程性质与建筑高度 ④工地及邻近地区的自然地理条件、周围环境、有无特别危险存在 ⑤工地有无现成建筑物或其他财产及其位置状态等 ⑥第三者责任风险的大小 ⑦对工程风险的总体评价	
合法性法律审查	项目建设工程设计合法性阐述详细且清晰，并有结论	关于项目《建设工程设计合同》的合法性审查意见： ①合法性审查意见 ②签字 ③盖章	必查文件： ①《建设工程设计合同审批表》； ②《建设工程设计合同》； ③《法定代表人证明书》； ④《法人授权委托证明书》
勘察文件及地质勘察报告	项目勘察的内容、要求、标准、方法等阐述详细且清晰，并有结论与建议	①工程概况、岩土工程勘察等级、勘察要求、主要执行标准、勘察部署及方法等 ②场地工程地质条件 ③岩土层的物理力学性质指标 ④岩土工程评价及场地稳定性分析 ⑤基础选型建议 ⑥结论与建议	
土地使用权出让合同书	合同双方土地使用出让权责分明，注明出让金额且双方签字盖章	①合同双方当事人信息 ②合同签订地块编号、面积 ③土地使用年限 ④土地用途 ⑤土地利用要求 ⑥土地使用权出让金额 ⑦合同双方权利与义务 ⑧双方签字、盖章	
用地红线图	用地范围清晰明了	用地范围	
建设用地规划许可证	根据相关部门要求编制		

资料名称	编制要求	必备要素	备注
节能评估文件	项目耗能情况阐述清楚，并附节能审查登记备案意见	①项目概况 ②项目年耗能量 ③项目节能措施简述 ④节能审查登记备案意见	
财政拨款记录	依据年度政府建设项目计划表的投资金额、款项拨付安排	①项目名称 ②拨付款项金额 ③拨付时间 ④拨付单位	
档案资料清单	项目档案资料清单完整且清晰		
各项管理制度、工作指引文件	根据相关部门要求编制		
相关佐证材料	根据相关部门要求编制	相关政策法规文件、会议纪要、领导签批文件、审批文件、各阶段评审及审查文件、安全评估文件、环境评估文件、相关手续办理等	

3.2 建设施工阶段

3.2.1 主要工作内容

建设施工阶段主要工作事项：施工招标、办理施工许可证、组织施工、工程验收、工程结算与竣工财务决算、办理资产登记、资产转固。

建设施工阶段主要工作要求：组织开展施工招标，委托符合资质的单位开展项目建设施工，项目完工后严格按照流程进行竣工验收与决算，编制工程结算报告、竣工验收与决算报告，报送竣工财务决算资料，留存项目相关资料。

3.2.2 后评价内容及评价要点

建设施工阶段主要评价要点：项目建设实施各个阶段工作的合理性、合规性、有效性和成功度。

序号	评价内容	评价要点
1	项目建设实施	评价重点为管理组织的有效性、相关机构引入方式及其工作开展的合规性、实施准备工作的完备性、实施过程中管理控制的有效性（包括质量、进度、投资、安全、合同、信息等）、验收的合规性等

3.2.3 后评价必查资料及编制要求

资料名称	编制要求	必备要素	备注
工程预算及审计报告	项目工程预算金额清晰合理，并附审计结果、评价、建议、依据	①项目基本情况 ②审计结果及审计说明 ③审计评价 ④审计建议 ⑤审计依据	
施工图预算	各项费用清楚明晰且合理	①预算编制说明 ②总预算书 ③单项工程综合预算书 ④单位工程预算书 ⑤主要材料表及补充单位估价表	
施工图审查报告/实施计划及作业指导文件	审查单位需具有相关资质，并出具专业意见	①施工图设计文件审查情况记录表 ②施工图设计文件审查情况归总表 ③施工图设计文件审查终审意见表 ④各专业《施工图设计文件审查记录表》	
设计变更图纸和说明	设计变更情况阐述详细且清楚，并具有充分的依据	①工程设计变更的具体情况 ②工程设计变更的详细说明	涉及设计变更项目提交
概算调整报告	概算调整原因、依据阐述详细且清楚	①工程项目概况 ②概算调整原因、依据 ③概算调整金额	涉及概算调整项目提交
拆迁工作报告及相关资料	根据相关部门要求编制		涉及拆迁项目提交
招标投标文件	项目招标要求合理且明确	施工招标文件等	包括开标记录、评标定标报告等
合同清单及主要合同执行情况	项目合同清单完整，要求明确	①施工招标文件等 ②项目合同执行情况	
项目实施进度计划表	项目实施进度安排合理且明确	①施工单位和编制日期 ②任务名称和工期 ③各工程任务开始时间和结束时间等	
施工许可证	由相关部门出具相应施工许可证	①工程项目概况，包括建设单位、工程名称、建设地址、建设规模、设计单位、施工单位、监理单位等 ②合同开工日期和竣工日期 ③变更登记（若有） ④建设工程予以施工证明	
工程监理日记	项目施工情况、安全情况、进度情况、质量控制情况阐述详细且清楚	①工程基本情况，包括填写时间、累积施工天数、施工地点等 ②监理记录，包括施工情况、安全情况、进度情况、质量控制情况等 ③记录人签名	

资料名称	编制要求	必备要素	备注
工程监理报告	项目总体施工情况、安全情况、进度情况、质量控制情况阐述详细且清楚，并出具验收结论	①工程概况 ②工程施工情况 ③工程主要材料及施工质量 ④工程质量控制情况 ⑤单位工程质量划分情况 ⑥验收结论	
工程验收报告	项目工程验收情况阐述详细且清楚，并出具质量等级评定	①项目相关单位盖章，包括验收主持单位、法人验收监督管理机关、项目法人、勘察单位、设计单位、监理单位、施工单位、质量和安全监督机构等 ②验收基本情况，包括依据、组织机构等 ③验收过程情况，包括单位概况、验收范围、单位工程完成情况和完成的主要工程量、单位工程质量评定、结论等	竣工验收与决算报告及所涉及的专项验收报告
工程结算及审计报告	项目工程结算金额清晰合理，并附审核结果、评价、建议、依据	①项目概况 ②审核依据 ③审核情况说明 ④审核结果，附工程造价汇总表 ⑤审核报告附件	
竣工财务决算及审计报告	项目决算金额清晰合理，并附审核依据、结果、评价	①项目概况 ②审核结果及评价 ③审核报告附件 ④审核依据	
财务决算批复文件	根据相关部门要求编制		
资金申请报告	项目建设依据计划投资金额，申请金额合理且清晰	①申请原因与依据 ②申请金额	
财政拨款记录	依据年度政府建设项目计划表的投资金额、款项拨付安排	①项目名称 ②拨付款项金额 ③拨付时间 ④拨付单位	
档案资料清单	项目档案资料清单完整且清晰		
相关佐证材料		相关政策法规文件、会议纪要、领导签批文件、审批文件、各阶段评审及审查文件、安全评估文件、环境评估文件、相关检测文件、相关手续办理等	

3.3 使用/运营阶段

3.3.1 主要工作内容

使用/运营阶段主要工作事项：编制年度财务报告/审计报告、制定各项管理制度、工作指引文件等。

使用/运营阶段主要工作要求：项目使用/运营前做好准备工作，委托符合资质的单位进行运营管理，留存项目相关资料。

3.3.2 后评价内容及评价要点

使用/运营阶段主要评价要点：投入运营（行）前的准备工作开展情况、试运营（行）/运营（行）期间的运转情况及功能/产能实现程度、运营（行）管理组织情况等。

序号	评价内容	评价要点
1	项目运营（行）评价	评价重点为准备工作完备性、试运营（行）成功性、运营（行）的成功度、管理组织有效性等
2	项目效益评价	评价重点为项目经济效益、社会效益、环境效益
3	项目可持续性	评价重点为项目内部可持续性、外部可持续性

3.3.3 后评价必查资料及编制要求

资料名称	编制要求	必备要素	备注
生产报表	根据相关部门要求编制	根据相关部门要求编制	生产类项目提交
年度财务报告/审计报告	项目工程结算金额清晰合理，并附审核结果、评价、建议、依据	①项目基本情况 ②项目计划建设内容 ③项目建设实际完全情况 ④审计意见（审计报告）内容 ⑤附项目支出明细表	已出审计报告的提交审计报告，否则提交财务报告
各项管理制度、工作指引文件	根据相关部门要求编制		
相关佐证材料	根据相关部门要求编制	运营（行）期间的相关工作报告、照片、报道等	

3.4 后评价工作阶段

3.4.1 主要工作内容

后评价工作阶段主要工作事项：编写项目总结报告，提交项目相关资料。

后评价工作阶段主要工作要求：按要求编写项目总结报告，及时提交项目资料，配合后评价实施机构开展项目后评价工作。

3.4.2 后评价内容及评价要点

后评价工作阶段主要评价要点：对项目投资决策、建设管理、项目效益等方面的实际效果进行评价，包括过程后评价、效果后评价与可持续性评价。

序号	评价内容	评价要点
1	过程后评价	评价项目预设目标/申请立项、建设实施、项目运营（行）等各个阶段工作的合理性、合规性、有效性和成功度，总结各阶段的成功经验和不足之处，包括项目目标设计评价、项目目标实现评价、项目前期决策评价、项目建设实施评价和项目运营（行）评价等
2	效果后评价	评价项目建设和运营（行）所产生的实际效果，并为项目可持续性评价提供依据，包括建设规模效应评价、功能效果评价、经济效益评价等
3	可持续性评价	评价项目能否依靠自身能力持续运营（行）和发展，项目产生的外部效益能否具有长期可持续性，主要从内部可持续性和外部可持续性两方面进行评价，包括生态效益评价、社会效益评价等

3.4.3 后评价必查资料及编制要求

资料名称	编制要求	必备要素	备注
项目总结报告	①项目总结报告应全面、详实且有一定深度； ②项目总结报告应将项目实施效果与前期文件设立的预期目标进行对比，预期目标以职能部门最终批复文件为准；存在项目目标未达成、项目程序不符合规范、项目造成不良影响等情况的，应在报告中对原因作出说明； ③项目总结报告中涉及的相关数据与所提交的项目资料应保持一致，存在数据缺失的应在报告中对缺失原因作出说明	依据《**大学建设项目后评价项目总结报告（范本）》编制	

第四章　后评价工作提交资料汇总

4.1 立项审批阶段文件：

序号	资料	备注
1	前期立项申请报告及批复文件	
2	项目建议书及批复文件	
3	可行性研究报告及批复文件	项目可行性研究报告应当委托具有相应能力的工程咨询机构编制
4	项目概算及批复文件	
5	项目技术方案	
6	初步设计文件及批复文件	

序号	资料	备注
7	前期计划申请表	
8	新开工计划申请表	
9	续建计划申请表	
10	年度政府建设项目计划表	
11	招标投标文件	
12	合同清单及主要合同执行情况	
13	环境影响调查报告	具体以项目所在地人居环境相关文件要求为准
14	民意调查报告	
15	节能专项审查	
16	风险评估报告	
17	合法性法律审查	
18	勘察文件及地质勘察报告	
19	土地使用权出让合同书	涉及用地项目提交
20	用地红线图	涉及用地项目提交
21	建设用地规划许可证	涉及用地项目提交
22	建设工程规划许可证	涉及用地项目提交
23	节能评估文件	
24	财政拨款记录	
25	档案资料清单	
26	各项管理制度、工作指引文件	
27	相关佐证材料	相关政策法规文件、会议纪要、领导签批文件、审批文件、各阶段评审及审查文件、安全评估文件、环境评估文件、相关手续办理等

▲以上文件已移交转出的，由接收单位提交，前期部门提交移交清单

4.2 建设阶段文件：

序号	资料	备注
1	工程预算及审计报告	
2	施工图预算	
3	施工图审查报告/实施计划及作业指导文件	
4	设计变更图纸和说明	涉及设计变更项目提交
5	概算调整报告	涉及概算调整项目提交
6	拆迁工作报告及相关资料	涉及拆迁项目提交

序号	资料	备注
7	招标投标文件	
8	合同清单及主要合同执行情况	
9	项目实施进度计划表	
10	施工许可证	
11	工程监理日记	
12	工程监理报告	
13	工程验收报告	竣工验收与决算报告及所涉及的专项验收报告
14	工程结算及审计报告	
15	竣工财务决算及审计报告	
16	财务决算批复文件	
17	资金申请报告	
18	财政拨款记录	
19	档案资料清单	
20	各项管理制度、工作指引文件	
21	相关佐证材料	相关政策法规文件、会议纪要、领导签批文件、审批文件、各阶段评审及审查文件、安全评估文件、环境评估文件、相关检测文件、相关手续办理等

▲以上文件已移交转出的，由接收单位提交，建设部门提交移交清单

4.3 使用/运营阶段文件：

序号	资料	备注
1	生产报表	生产类项目提交
2	年度财务报告/审计报告	已出审计报告的提交审计报告，否则提交财务报告
3	各项管理制度、工作指引文件	
4	相关佐证材料	运营（行）期间的相关工作报告、照片、报道、项目获奖情况等

▲参与建设管理的使用单位还应提交建设期间的相关工作报告

第五章 附 则

5.1 本参评指南由学校建设项目后评价工作领导小组负责解释。

5.2 本参评指南自发布之日起施行，有效期**年。

附件：《**高校后评价项目总结报告》

填报单位			
联系人姓名		联系电话	
电子邮箱		填报日期	

第一部分 项目概况

一、项目基本情况

项目名称	
项目地址	
业主单位	
建设单位	
项目类型	■新建　□扩建　□改建　□拆建　□装修装饰
投资方式	■学校自筹　□政府投资　□捐赠　□贷款

总投资金额		其中政府投资	
申请立项时间			
计划开工时间		实际开工时间	
计划竣工验收与决算时间		实际竣工验收与决算时间	
完工时间		投入运营时间	
项目简介			

二、项目实施背景

三、项目目标

概述项目预期目标、目标制定依据和目标达成情况。

序号		预期目标	目标达成情况	偏离原因分析
建设目标				
效益目标				

第二部分　项目全过程总结

第一章　项目立项决策总结

一、依据充分性

（阐述是否符合国家/地区政策，是否按规定编制项目建议书、可行性研究报告、项目初步设计、项目概算等文件，编制内容是否合理且能为决策提供有力支撑，且经过科学论证。）

二、程序合规性

（项目审批是否经过《学校项目建设管理办法》规定程序，是否依法附具了土地、环评、规划、水务、消防、园林、绿化等相关手续。）

序号	审批程序	审批时间	审批文件名称	文件是否提交后评价实施机构
合规性阐述

第二章　项目建设实施总结

一、项目管理组织与管理情况

（一）项目管理组织架构及主要管理人员经验介绍及工作职责

（二）项目的管理模式、管理制度及运行情况

二、项目招标程序与执行情况

序号	关键环节	时间	文件名称	对执行情况的说明
1				
2				

三、项目勘察设计程序与执行情况

序号	关键环节	时间	文件名称	对执行情况的说明
1				
2				

四、项目开工准备工作情况

（征地拆迁、开工手续、设计文件审核、资金落实、三通一平、作业指导文件、实施计划制定等。）

五、质量管控方法与执行情况

（项目质量管控工作的有效性。）

序号	质量管控方法	对执行情况的说明
1		
2		

六、进度管控方法与执行情况

（项目进度管控工作的有效性。）

进度管控方法

七、投资管控方法与执行情况

投资管控方法

概算调整原因：（若不存在概算调整，可写"无"）

八、安全管控方法与执行情况

序号	安全措施	对执行情况的说明
1		
2		

九、项目合同管控方法与执行情况

（阐述项目合同签订程序的合规性、条款严密性，以及合同履行、变更、违约等情况把控。）

十、项目信息管控方法与执行情况

（协调与传达的有效性、工程档案与资料的管理情况。）

十一、工程监理程序与执行情况

十二、竣工验收及决算程序与执行情况

第三章 项目运营（行）总结

一、项目运营（行）准备情况

（准备工作开展情况，安全测试情况。）

二、项目试运营（行）情况

（若项目不存在试运营（行）情况的，可写"无"。）

（一）功能/产能实现情况

（二）存在的不足及解决方式

项目无试运行。

三、项目运营（行）情况

（一）功能/产能实现情况

（二）存在的不足及解决方式

四、项目运营（行）管理情况

（管理机构设置、人员配备、管理目标实现情况。）

五、建设管理情况

第三部分　项目效果总结

第一章　建设规模效益总结

一、办学规模效果

（方案是否符合基本办学条件和监测办学条件标准，实施效果是否符合项目需求，超出或未达到需求的情况描述。）

二、建筑规模实施效果

（12项校舍项目的生均建筑面积（m^2/生），选配校舍生均面积指标是否符合国家标准，实施效果是否符合项目需求，超出或未达到需求的情况描述。）

三、投资规模实施效果

（对项目建议书阶段投资偏差率、可行性研究阶段投资偏差率、初步设计阶段投资偏差率等进行分析，超出或节约投资的情况描述。）

第二章　功能效果总结

一、主体功能实施效果

二、其他功能实施效果

（在满足教学、科研使用要求的基础上为附近居民提供活动空间的能力提升程度；对于高校主体功能和社会功能提供的保障程度；对于师生教学、科研和生活提供的公共服务程度等描述。）

第三章　项目经济效益总结

一、财务效益后评价

二、国民经济效益后评价

第四部分　项目可持续性总结

第一章　生态效益总结

一、资源节约效果

（节地、节水、节材、节能减排等情况的说明。）

二、环境协调效果

（分别对项目与自然地理环境、生态环境、人文环境等方面的协调情况进行说明。）

三、环境保护效果

（分别对环境保护措施、环境保护合规性、环境保护实施效果对标效果、环境风险预案的完备性等进行说明。）

第二章　社会效益总结

一、高校基本职能分析

第五部分　项目主要经验教训

一、主要成绩和不足

（总结项目建设和运营（行）中取得的主要成绩和存在不足。）

二、建议

（针对项目建设和运营（行）中存在的问题，提出相应的解决措施。）

（一）对项目和项目执行机构的建议

（二）宏观对策建议

2.《**高校建设项目后评价实施机构操作指引》

为完善高校建设项目后评价管理，规范项目后评价工作，保证项目后评价工作顺利开展，根据相关法律、法规和《**高校建设项目后评价管理办法》，应制订发布《**高校建设项目后评价实施机构操作指引本操作指引》。操作指引应包括项目后评价的原则、行为准则、依据、内容、方法、工作程序、等级划分和报告框架等主要内容。

**高校建设项目后评价实施机构操作指引

第一章 总 则

1.1 目的

制定本操作指引目的是建立项目后评价工作操作规范，指导项目后评价实施机构高质、高效地完成学校建设项目后评价工作。

1.2 引用文件

下列文件对本操作指引的应用是必不可少的。凡是注日期的引用文件，仅注日期的版本适用于本操作指引。凡是不注日期的引用文件，其最新版本（包括所有的修改单）适用于本文件。

GB/T 23691—2009 项目管理术语

GB/T 30339—2013 项目后评价实施指南

《中央政府投资项目后评价管理办法》

《中央政府投资项目后评价报告编制大纲（试行）》

《**高校建设项目后评价管理办法》

1.3 适用范围

本操作指引主要适用于项目后评价实施机构组织开展，由学校负责投资（包含政府投资、国债、自筹、专项资金等）建设的固定资产建设项目（以下简称"项目"）的后评价工作。

1.4 项目后评价原则

1.4.1 独立性

项目后评价工作应由具备资质的第三方后评价机构作为后评价实施机构单独进行，不应受项目利益相关方的干扰。

1.4.2 公正性

项目后评价应确保后评价工作程序和结果的公正性，不带有倾向性，做到后评价指标体系、评价过程和评价结果的公开、公平和透明。

1.4.3 客观性

项目后评价过程应以事实为依据，客观反映项目决策、项目管理和执行的实际状况，在可靠的文件及明确的数据基础上，实事求是地总结评价发现，得出评估结论。

1.4.4 科学性

项目后评价工作应参考相关学术理论及研究文献，使用科学的理论框架作为指标制定和实际操作的指引，保证后评价工作能抓住项目评价的核心和本质，对项目进行有效且精准的评价。

1.5 项目后评价行为准则

1.5.1 参加过同一项目前期、建设工作或编写总结报告的机构不得承担该项目的后评价工作。

1.5.2 后评价实施机构和后评价专家都负有对项目单位提供的业务内容及相关资料保密的义务。

1.5.3 后评价实施机构应根据要求开展后评价工作，确保后评价结论的独立、公正、客观、科学。

第二章 项目后评价依据

2.1 国家、教育部、主管部门及学校与建设项目管理相关的法律、法规、规章及规定；

2.2 国家、行业主管部门及项目所在地政府等制定的行业规范、行业标准；

2.3 项目所在地总体规划、学校事业发展规划和专项建设规划；

2.4 项目前期文件，主要包括项目建议书、可行性研究报告、初步设计及概算、重大项目的环境影响评价报告、设备购置论证报告、民意调查报告、节能专项审查、风险评估报告、合法性法律审查等，以及相关批复文件；

2.5 项目实施文件，主要包括项目招标投标文件、主要合同文本、年度投资计划、概算调整报告、施工图设计会审及变更资料、监理报告、竣工验收报告等相关资料，档案资料清单、建设管理制度文件；

2.6 项目运营（行）文件，主要包括运营（行）工作报告、生产报表、财务报告、管理制度文件等；

2.7 建设项目总结报告；

2.8 其他相关资料，主要包括项目工程结算和竣工财务决算报告及资料，与项目有关的审计报告、统计资料、各阶段评审和审查文件、各项审批文件、相关会议纪要、获奖情况等。

第三章 项目后评价内容

3.1 基本内容

项目后评价实施机构应根据项目具体情况确定后评价内容，应当包括项目过程评价、项目效果评价和项目可持续性评价等方面，每个方面的具体评价内容可根据需要增加或简化。

3.2 项目过程评价

3.2.1 评价要点

分析和评价项目立项决策、建设实施、竣工验收与决算、运行维护、建设管理等各个阶段工作的合理性、合规性、有效性和成功度，总结各阶段的成功经验和失败教训。可分为项目立项决策评价、建设实施评价、竣工验收与决算评价、运行维护评价、建设管理评价等。

3.2.2 项目立项决策评价

项目立项决策阶段评价内容包括项目建议书、可行性研究报告、初步设计及概算与相应批复文件，以及其他申报和审批手续等。

评价重点为决策依据的充分性和审批程序的合规性。

3.2.3 建设实施评价

项目建设实施评价内容包括项目管理组织情况、相关机构引入机制及其工作质量、项目实施准备情况、项目实施各阶段管理控制方案及其效果、项目验收情况等。

评价重点为管理组织的有效性、相关机构引入方式及其工作开展的合规性、实施准备工作的完备性、实施过程中管理控制的有效性（包括质量、进度、投资、安全、合同、信息等）、验收的合规性等。

3.2.4 竣工验收与决算评价

竣工验收与决算评价内容包括各专项验收、联合验收和工程档案验收、工程结算过程、工程结算审计、竣工财务决算报批等组织实施情况。

评价重点为管理组织的有效性、相关机构引入方式及其工作开展的合规性、实施准备工作的完备性、实施过程中管理控制的有效性、竣工财务决算报告及报表质量、竣工财务决算审核报告质量等。

3.2.5 运行维护评价

运行维护评价包括运行管理、设施设备管理等评价，评价内容包括投入运营（行）前的准备工作开展情况、试运营（行）或运营（行）期间的运转情况及功

（产）能实现程度、运营（行）管理组织情况等。

评价重点为准备工作完备性、试运营（行）成功度、运营（行）成功度、管理组织有效性等。

3.2.6 建设管理评价

建设管理评价包括管理制度评价、项目管理创新评价、项目管理信息化评价、廉政风险防控评价等。

评价重点为管理制度的完善性和执行力度、项目管理创新成果对项目建设效果的贡献度、信息化管理的有效性、廉政与风险防控体制机制建设和执行落实效果等。

3.3 项目效果评价

3.3.1 评价要点

分析和评价项目建设和运营（行）所产生的实际效果，并为项目可持续性评价提供依据，包括建设规模效益评价、功能效果评价、项目经济效益评价等。

3.3.2 建设规模效益评价

建设规模效益评价的主要内容包括办学规模效果、建筑规模实施效果、投资规模实施效果，基本办学条件和监测办学条件改善对学校办学条件的支撑度，12项校舍项目的生均建筑面积（m^2/生）和选配校舍生均面积指标的达标程度，投资控制措施及完成效果等。

3.3.3 功能效果评价

功能效果评价主要包括主体功能效果评价和在满足教学、科研使用要求的基础上为附近居民提供活动空间的能力提升程度；对于学校主体功能和社会功能提供的保障程度；对于师生教学、科研和生活提供的公共服务程度等的评价。

3.3.4 经济效益评价

经济效益评价的主要内容包括项目的投入产出效益，项目资金来源及其对学校财政的影响，对本产（行）业的发展促进作用，以及在促进地方经济增长中发挥的作用。

3.4 项目可持续性评价

3.4.1 评价要点

分析和评价项目能否依靠自身能力持续运营（行）和发展，项目产生的外部效益是否具有可持续性，可从内部可持续性和外部可持续性两方面进行评价，主要包括生态效益评价和社会效益的评价。

3.4.2 生态效益评价

生态效益评价的主要内容包括节地、节水、节材、节能减排等资源节约，环境保护管理措施，项目建设与国家环保法律法规、环境功能规划要求的符合程度，项目建设实际产生的节能减排效果以及对自然生态环境协调的影响程度。

3.4.3 社会效益评价

社会效益评价的主要内容包括项目对当地居民生活质量的改善，对创造就业机会的贡献，对当地文体、教育、卫生条件的改善，对项目主要利益相关方所带来的有利影响的贡献及对不利影响的控制程度，及对项目涉及的社会稳定性风险的控制程度等。主要从高校基本职能，包括教学职能——传播知识和技术，培养人才；科研职能——创造知识和技术，推动人才、科研成果及科技产品形成；服务职能——面向社会，服务社会等方面，对项目建成后产生的社会效益进行评价。

3.5 项目单位总结报告评价

总结归纳项目单位总结报告的内容，并对总结报告的编制水平做出客观评价。

3.6 总结与建议

归纳总结项目过程评价、项目效果评价、项目可持续性评价等方面的内容与结论，按照决策和管理部门所关心问题的重要程度，提炼项目各阶段的成功经验和不足之处，并提出相应的解决方法和相关建议。

第四章 项目后评价方法与工作流程

4.1 后评价方法

项目后评价应采用定性和定量相结合的方法，在适用性、可操作性的原则下制定科学、系统、规范的评价指标，针对项目各利益相关方组织开展社会调查，赴项目实地进行调研，依据社会调查和实地调研情况完成对项目的综合评价。

后评价实施机构在开展项目后评价的过程中，应组建专业的专家团队和工作团队，广泛吸纳各相关机构的意见，注重社会公众参与，以确保后评价工作的质量。

4.2 工作流程

项目后评价工作流程主要包括确定后评价实施机构、前期准备、社会调查、实地调研、后评价报告编制与提交等部分。可根据项目实际情况、委托方要求等因素删减或重复开展某些阶段的工作。各阶段工作应紧密关联，确保获取真实有效的信息，得出合理全面的结论。

4.2.1 确定后评价实施机构

4.2.1.1 建设项目后评价工作领导小组办公室根据项目后评价年度工作计划，按照学校采购相关管理规定确定具有相应资质的第三方机构为后评价实施机构，委托开展项目后评价工作。受托方应与委托方深入沟通，了解委托方需求，并根据委托方需求制定初步方案。

4.2.1.2 后评价实施机构应与委托方沟通初步方案，初步方案达成一致后签订项目后评价委托协议书，以协议的形式明确双方的权利和义务。

4.2.2 基础工作阶段

4.2.2.1 通过分析委托方提供的项目基础资料及后评价需求，对初步方案进行细化，制定详细的工作方案，明确后评价方法、进度计划、工作组人员分工等。

4.2.2.2 搜集国家、教育部、项目所在地省市、主管部门及学校与建设项目管理相关的法律、法规、规章及规定，以及制定的行业规范、行业标准、技术标准，项目所在地总体规划、学校事业发展规划和专项建设规划。

4.2.2.3 根据项目实际情况，组建具有相应专业背景的后评价专家组。后评价专家应熟悉建设项目投资领域的政策法规及相关规定、项目审批流程和项目建设程序，具有丰富的相关行业管理经验、相关专业技术职称或从业资格，具备良好的职业道德和信誉，以及其他应具备的条件。

4.2.2.4 对项目进行初步调研，向项目单位了解项目建设期与运营（行）期情况、档案管理情况。

4.2.3 确定项目后评价指标权重

4.2.3.1 确定项目后评价指标权重赋值方法，编制项目后评价指标权重专家意见征询表，征询专家组意见，根据专家组意见进行计算、检验、汇总得到项目后评价指标权重。

项目后评价指标的权重根据政府投资的不同方式、不同项目的特点以及后评价工作的具体要求确定。权重赋值通常采用层次分析法、Delphi法、主观经验法、多元分析法等。

4.2.3.2 根据试点项目情况，细化项目单位总结报告模板及项目后评价资料提交清单，发送至项目单位，并持续跟进项目单位编制总结报告及准备项目后评价资料的进度与完成度。

4.2.3.3 项目单位根据后评价实施机构要求，由项目管理单位牵头组织编写总结报告，主要内容包括：

（1）项目概况：项目基本情况、项目实施背景和项目目标等；

（2）项目全过程总结：项目立项决策总结、建设实施总结、竣工验收与决算总结、运行维护总结、建设管理总结等；

（3）项目效果总结：建设规模效益总结、功能效果总结、项目经济效益总结等；

（4）项目持续性总结：可从项目内部可持续性和外部可持续性两方面进行总结，主要包括生态效益总结和社会效益的总结；

（5）项目主要经验教训：主要经验和不足、相关建议。

4.2.3.4 除总结报告外，项目单位应向后评价实施机构提供以下资料：

（1）项目前期文件，主要包括项目建议书、可行性研究报告、初步设计及概算、重大项目的环境影响调查报告、民意调查报告、节能专项审查、风险评估报告、合法性法律审查，设备购置论证报告、项目设备申请计划等，以及相关批复文件；

（2）项目实施文件，主要包括项目招标投标文件、主要合同文本、年度投资计划、概算调整报告、施工图设计会审及变更资料、实施进度计划、监理报告、竣工验收报告等相关资料，档案资料清单、建设管理制度文件等；

（3）项目运营（行）文件，主要包括运营（行）工作报告、生产报表、设备使用管理登记表、设备维修申请及维修记录表、设备固定资产登记表、设备绩效分析报告、设备资产报废审批表（设备类项目）、财务报告、管理制度文件等；

（4）其他相关资料，主要包括项目结算和竣工财务决算报告及资料，与项目有关的审计报告、统计资料、各阶段评审和审查文件、各项审批文件、相关会议纪要等。

4.2.4 社会调查

4.2.4.1 制定社会调查方案，明确社会调查的范围、对象、时间、方法以及调查重点和人员安排等。

4.2.4.2 社会调查的范围和对象应选取项目建设（采购）运营（行）期间直接或间接产生影响的区域和利益相关方。

4.2.4.3 社会调查的时间可与项目单位编制总结报告同时进行，在实地调研开始前全部完成。

4.2.4.4 社会调查的方法主要有：电话调研、拦截访问、入户访问等。

4.2.4.5 社会调查的重点应结合项目后评价指标，充分考虑委托方、直接利益相关方需求开展。

4.2.4.6 根据前期搜集的项目相关资料、项目后评价指标内容，针对各类调研对象分别编制调查问卷，对社会调查结果进行评分。

4.2.4.7 对调查人员进行培训，实时跟进调查人员的执行情况。

4.2.4.8 回收、检查并录入调查数据。

4.2.4.9 编写完成社会调查报告。

4.2.5 实地调研

4.2.5.1 制定实地调研方案，确定调研时间、地点、方式、流程和人员安排以及项目单位配合事项等。

4.2.5.2 实地调研环节主要包括：实地参观、互动交流、专家评审等。

4.2.5.3 召开项目后评价工作组实地调研预备会，明确工作人员职责与注意事项、项目单位资料补充要求（若有需要）。

4.2.5.4 分类整理实地调研现场所需的资料和文件，包括：前期搜集的项目相关资料、项目单位提交的总结报告和资料、社会调查报告、项目后评价指标评分表、签到表等。

4.2.5.5 组织专家组到项目现场进行调研。

（1）主持人介绍到场专家、项目相关单位及实地调研流程；

（2）项目单位人员带领专家组参观现场并介绍项目情况；

（3）项目后评价工作组汇报社会调查情况；

（4）专家组查阅相关资料，与项目相关单位人员交流沟通；

（5）专家组评审，填写评分表及专家评价意见；

（6）调研总结；

（7）录入专家组评分数据并汇总计算，得出项目后评价综合评分；

（8）总结专家组评价意见。

4.2.6 项目后评价报告编制与提交

4.2.6.1 分析项目资料、社会调查报告、项目单位总结报告、专家组评分与评价意见。

4.2.6.2 根据分析情况，编制项目后评价报告（初稿）。

（1）项目后评价报告主要内容包括：项目后评价报告编制单位及后评价工作方案介绍、项目概况、项目过程评价、项目效果评价、项目可持续性评价、项目总结与主要经验教训及建议等；

（2）项目后评价重点是对项目决策预期效果和项目实施后实际效果进行对比考核，分析变化原因，及时总结和反馈经验教训；

（3）项目后评价报告应观点明确、文字简练，所填内容应依据充分、全面完整、真实准确；

（4）与项目后评价相关的重要专题研究报告和资料可作为报告附件。

4.2.6.3 项目后评价报告（初稿）征求内部专家意见及专题研究（若有需要）后，修改形成征求意见稿。

4.2.6.4 项目后评价报告（征求意见稿）征求项目单位意见后，修改形成报审稿。

4.2.6.5 项目后评价报告（报审稿）征求委托单位意见后，修改形成终稿，项目后评价报告终稿提交委托单位。

第五章　项目后评价等级划分

根据项目后评价指标对项目进行评分，将后评价结果划分为A、B、C、D四个等级，分别表示优秀、良好、合格、不合格。对应级别如下：

等级		分值区间	含义描述
A	优秀	90分及以上	完全实现或超过项目预期目标，完全符合规范，总体效益非常大，不利影响非常小
B	良好	80～89分	实现大部分项目预期目标，大部分符合规范，总体效益较大，不利影响小于预期
C	合格	60～79分	基本实现项目关键预期目标，基本符合规范，总体效益一般，不利影响在可接受范围内
D	不合格	60分以下	未实现项目预期目标，不符合规范，没有取得相关预期效益，不利影响很大

第六章　附　则

6.1 本操作指引由**高校建设项目后评价工作领导小组办公室负责解释。

6.2 本操作指引自发布之日起施行，有效期**年。

附件1：高校建设项目后评价实施机构工作流程图

附件2：高校建设项目后评价报告框架

附件1：高校建设项目后评价实施机构工作流程图

关键节点 / 细分步骤

签订合同
- 是否达成一致（否）
- 初步确认沟通方案
- 编制试点项目后评价初步方案
- 沟通了解委托方后评价项目及需求

完成前准备
- 发放项目总结报告模板和资料提交清单
- 提交后评价指标权重
- 项目初步调研
- 组建后评价专家组
- 搜集项目相关资料
- 制定详细工作方案

完成社会调查
- 编写社会调查报告
- 录入调查数据
- 社会调查执行
- 编制社会调查问卷
- 制定社会调查方案
- 跟进项目单位编制总结报告并准备后评价资料

完成实地调研
- 实地调研结果统计
- 实地调研执行
- 整理调研所需资料
- 制定实地调研方案
- 召开调研预备会

完成报告征求意见稿
- 部分问题专题研究
- 内部专家研讨
- 报告（初稿）编制
- 分析项目资料
- 分析项目报告
- 分析专家组意见
- 分析社会调查结果

完成终稿提交审核
- 是否通过（否→修改报告）
- 征求委托单位意见
- 是否通过（否→修改报告）
- 征求项目单位意见
- 报告（征求意见稿）

附件2：高校建设项目后评价报告框架

高校项目后评价报告

项　目　建　设　单　位：**高校

项目后评价实施机构：**有限公司

年月

目　录

摘　要

一、项目基本情况

1.项目名称：**项目。

2.建设单位：**高校。

3.项目总投资：计划总投资**万元；实际总投资**万元。

4.规划建设内容：总建筑面积**平方米。

5.实际完成情况：总建筑面积**平方米。

二、项目后评价结论

1.总体结论

××高校××项目按照基本建设程序进行了科学决策和建设实施。建设单位认真履行管理者责任，在项目实施过程中，通过全面调查研究，组织精细设计，合理控制项目投资，实现了项目建设预期目标，取得良好的综合效益。

项目实施取得以下显著成效：

（1）……

（2）……

（3）……

……

2.存在问题

……

3.对策建议

……

高校项目后评价报告

一、项目概况

（概述项目建设地点、项目业主、项目性质、特点，以及项目开工和竣工时间。）

1.项目名称：

2.项目建设单位：

3.项目建设地址：

4.项目性质：

5.项目建设规模：

6.项目建设总投资：

7.项目资金来源及到位情况：

8.项目实施进度：

9.项目运行及效益现状：

二、项目决策要点

（项目建设的理由，决策目标和目的。）

三、项目主要建设内容

（项目建设的主要内容为决策批准生产能力，实际建成生产能力。）

四、项目建设及评价依据

1.项目建设依据

2.项目后评价依据

3.项目资料

五、项目评价方法

（可选用调查分析法、对比分析法、逻辑框架法、层次分析法、模糊综合评价法、成功度评价法等。）

六、项目评价程序

1.后评价工作准备

2.组织开展后评价

3.编写后评价报告

七、项目过程评价

（一）立项决策评价

（项目立项的依据，项目决策过程和程序。项目评估和可研报告批复的主要意见。）

1.项目建议书批复情况

2.项目可行性研究报告批复情况

3.立项决策总结与评价

（二）建设实施评价

（建设实施评价包括项目实施准备工作与评价和项目建设实施总结与评价两大部分，其中：项目实施准备工作与评价主要涵盖项目勘察、设计、开工准备、采购招标、征地拆迁、施工管理和资金筹措等情况和程序；项目建设实施总结与评价主要涵盖项目合同执行与管理情况，工程建设与进度情况，项目设计变更情况，项目投资控制情况，工程质量控制情况，工程监理等情况。）

1.报批报建评价

2.勘察设计评价

3.招标采购评价

4.开工准备评价

5.施工过程评价

6.工程监理评价

（三）竣工验收与决算评价

1.竣工验收评价

2.工程结算评价

3.竣工财务决算评价

（四）运行维护评价

（五）建设管理评价

八、项目效果评价

（设置效果变化率指标计算效益评价指标的变化程度，定量分析建设项目效益。）

（一）建设规模效益评价

（从建筑规模指标变化、建设项目在不同阶段的投资额对比分析，办学条件规模指标变化等，评价项目建设能否满足学校基本的办学规模和条件，是否满足维持学校正常的教学、生活秩序，保证高等教育教学质量和规格的基本需求。）

（二）功能效果评价

（功能效果评价是评价实施建设项目后，能否使高校建筑具有与教学科研需求相适应的使用功能，应包括主体功能评价和其他功能评价两个维度。其中，其他功能评价又可包括社会功能评价、配套功能评价和基础设施功能评价。）

（三）经济效益评价

（经济效益评价是从经济上分析建设项目投入使用后是否达到预期效果，可从财务效益评价和国民经济效益评价两个维度考虑。对于未达到预期效果的，应分析原因，采取措施，提高经济效益。）

九、项目可持续性评价

（一）生态效益评价

（生态效益是指生态系统及其变化引起的人类生存和社会经济发展条件的改善程度，反映建设项目实施产生的生态环境功能及所采取环境保护措施的有效性。生态效益评价可分为资源节约、环境协调及环境影响评价三个维度）

（二）社会效益评价

（项目主要利益群体，项目的建设实施对当地（宏观经济、区域经济、行业经济）发展的影响，对当地就业和人民生活水平提高的影响，对当地政府的财政收入和税收的影响。主要应以当代社会高校基本职能为基础，系统分析高校建设项目对高校履行基本职能的推动作用。）

十、项目后评价结论和主要经验教训

（一）评价结论

（二）主要经验和不足

十一、对策建议

（一）对项目和项目执行机构的建议

（二）宏观对策建议

十二、附表

1. 项目成功度评价表（附表1）

2. 建设项目后评价综合评价表（附表2）

附表1：

项目成功度评价表

序号	评定项目指标	项目相关重要性	评定等级
1	立项决策		
2	建设实施		
3	竣工验收与决算		
4	运行维护		
5	建设管理		
6	建设规模		
7	功能效果		
8	经济效益		
9	生态效益		
10	社会效益		
	项目总评		

注：1.项目相关重要性：分为重要、次重要、不重要

2.评定等级分为：A—成功、B—基本成功、C—部分成功、D—不成功

附表2：

建设项目后评价综合评价表

一级指标	二级指标	三级指标	评价准则	子项满分值	评价得分
立项决策（13分）	项目立项（4分）	高校事业发展目标和校区功能定位	高校事业发展目标、校区功能定位是否清晰明确	1	
		项目设立的必要性和可行性	项目设立的必要性和可行性分析是否科学全面	1	
		校园及建设规划的符合性	项目设立是否符合校园规划及校园建设规划	1	
		项目建议书校内决策报批程序	项目建议书是否符合校内决策流程并经集体决策，是否按规定履行报批程序	1	
	可行性研究（9分）	项目建设的必要性和可行性	项目建设必要性和可行性是否经过充分论证	1	

一级指标	二级指标	三级指标	评价准则	子项满分值	评价得分
立项决策（13分）	可行性研究（9分）	项目建设方案比选	是否进行多方案比选评审	1	
		项目投资估算和筹资方案	项目投资估算是否合理，筹资方案是否切实可行	1	
		项目节能分析	项目节能分析是否全面准确	0.5	
		项目社会稳定风险分析	项目社会稳定风险分析是否全面准确	0.5	
		项目规划设计条件	项目是否取得规划设计条件	0.5	
		环境影响评价	是否编制环境影响评价文件并及时履行报批手续	0.5	
		项目可行性研究报告深度	项目可行性研究报告编制是否达到相应深度	1	
		项目可行性研究报告校内决策报批程序	项目可行性研究报告是否符合校内决策流程并经集体决策，是否按规定履行报批报备程序	1	
		项目可行性研究报告评估	项目可行性研究报告是否按规定履行评估程序，评估过程是否公平公正，评估结果是否科学	1	
		项目可行性研究报告报批报备	项目可行性研究报告是否取得上级主管部门备案或批复意见	1	
建设实施（30分）	报批报建（4分）	土地使用文件	是否按规定办理建设项目选址意见书等土地使用文件	1	
		建设用地规划许可证、建设工程规划许可证	是否及时办理建设用地规划许可证、建设工程规划许可证	1	
		施工许可证	是否及时办理施工许可证	1	
		"未批先建"情况	是否存在未办理相关手续而先行开工建设情况	1	
	勘察设计（6分）	勘察单位选定	勘察单位是否按法律法规及相关要求选定，选定的勘察单位资质、能力等是否与工程勘察需求相匹配	0.5	
		勘察任务书	勘察任务书是否表达明确、内容充分，提交勘察报告等时间节点设置是否合理	0.5	
		勘察过程	勘察过程是否符合相关标准规范	0.5	

一级 指标	二级 指标	三级指标	评价准则	子项 满分值	评价 得分
建设实施 （30分）	勘察设计 （6分）	勘察报告	勘察报告内容是否真实、科学，勘察质量是否满足工程设计及施工需求	0.5	
		勘察结果应用	工程施工中的地质条件是否与勘察结果相一致	0.5	
		设计单位选定	设计单位是否按法律法规及相关要求选定；选定的设计单位资质、能力等是否与工程设计需求相匹配	0.5	
		设计任务书	设计任务书是否表达明确、内容充分，提交方案设计、初步设计、施工图设计等时间节点设置是否合理，限额设计要求是否明确（如果有）	0.5	
		设计过程	设计过程是否符合相关标准规范	0.5	
		方案设计	设计方案是否经过比选及优化	0.5	
		初步设计及概算	初步设计及概算是否履行相应审批程序；设计概算是否在批复范围内	0.5	
		施工图设计	施工图设计是否达到相应深度，是否满足施工需要，是否存在指定设备或材料情况	0.5	
		设计成果完成情况	各阶段设计成果是否按时提交并达到预期目标	0.5	
	招标采购 （9分）	招标采购方式	招标采购方式的选定是否合法合规，是否按照上级部门核准意见执行招标方式，是否存在肢解发包、规避公开招标的情况	1	
		招标代理选定	招标代理机构的选定是否符合法律法规及相关要求，招标代理机构的能力是否与招标采购需求相匹配	1	
		招标采购文件质量	招标文件内容是否完整，是否全面、准确地表述项目情况和招标人要求，招标控制价是否在批复或批复的工程概算范围内	1	
		招标采购文件公平性	招标采购条件是否科学合理，是否能体现出竞争性；评标办法是否经集体决策；是否存在违规设置条件、排斥潜在投标人情况	1	
		招标采购文件发放	是否依法依规公开发布招标公告；是否存在干扰投标报名或延期接受投标报名等情况；是否违规透露投标人信息；是否存在现场踏勘和招标答疑未及时通知所有投标人的情况	1	
		资格审查	对投标人进行资格审查是否严格执行资格审查条款；是否有效排除挂靠、借用资质等情况	1	

一级指标	二级指标	三级指标	评价准则	子项满分值	评价得分
建设实施（30分）	招标采购（9分）	评标过程	是否按照法定要求开标；是否按照评标办法，客观公正实施评标；是否按照规定选定招标采购人代表；是否存在招标采购人代表以各种方式影响专家评标的情况	1	
		评标结果	是否按规定公示评标结果；是否存在未按评标委员会推荐的中标候选人顺序确定中标人情况；选定中标人的理由是否充分；选定中标人是否经集体决策；是否按规定发出中标通知书	1	
		招标采购投诉举报处理	是否存在依法依规的投诉、举报；是否认真调查并按规定逐级汇报调查情况	1	
	开工准备（3分）	施工图设计文件审查	施工图设计文件是否经具备条件的施工图审查机构审查，且正式的施工图设计文件审查报告是否存档；设计单位对施工图设计文件审查意见是否有回复	1	
		施工组织设计文件	是否有合理实用的施工组织设计文件；是否按规定程序进行审查	0.5	
		现场施工条件	施工现场"三通一平"工作是否在施工合同签订前；现场施工条件是否达到开工要求	0.5	
		开工手续	工程质量安全监督手续是否及时办理妥当；施工许可证是否及时办理妥当；开工报告是否及时报送监理单位批准，监理单位是否及时签发工程开工令	1	
	施工工程（6分）	质量管理	是否实行五方主体质量终身责任制度，项目负责人是否签订《质量终身责任承诺书》，建设单位是否建立质量终身责任档案；是否建立健全项目质量管理体系；是否按设计图纸和施工规程进行施工，质量控制点的设置和检测是否符合规范要求；是否发生过工程质量事故，且是否及时对工程质量事故进行妥善处理；工程质量检查验收是否全部合格；工程验收资料是否齐备且可追溯	1	
		进度管理	施工进度总体目标安排是否合理，进度目标分解及主要里程碑描述是否清晰；施工进度计划图表是否齐全，且是否按规定经监理单位审核；是否严格执行施工进度计划，是否建立进度偏差预警机制；发现施工进度偏差后采取的纠偏措施是否得力；项目实际开竣工日期与计划开竣工时间之间是否存在偏差	1	

一级指标	二级指标	三级指标	评价准则	子项满分值	评价得分
建设实施（30分）	施工工程（6分）	造价管理	是否编制详细的建设资金使用计划，且严格执行资金使用计划；是否建立变更管理制度，并建立相关工作流程及表单；工程价款支付相关管理规定是否健全并落实；工程预付款、工程进度款、工程结算款的支付额度、支付时间及审核流程是否符合合同约定和相关规定；工程质量保证金的扣留和返还时间、额度、方式及流程是否符合合同约定和相关规定；工程最终结算价款与预算造价之间是否存在偏差	1	
		安全生产管理	安全生产管理机构及岗位设置是否按规定到位，施工现场安全生产管理体系是否建立健全；安全教育培训及检查制度是否建立并严格执行；危险性较大的分部分项工程是否按规定编制专项施工方案并严格执行；生产安全事故应急预案是否制定到位并有演练；建设单位安全文明施工费用是否及时足额拨付，施工单位是否足额专项投入；是否有生产安全事故发生且进行妥善处理	1	
		合同管理	是否建立健全合同管理相关制度、工作流程和表单；是否设置专门的合同管理岗位，相应管理职责是否明确；合同的完备性及财务、法律风险是否进行审核；合同签订程序及补充协议签订流程是否符合相关规定；合同条款是否全面履行；索赔与争议处理程序是否符合相关规定	1	
		文明施工管理	是否建立文明施工责任制；施工场地是否平整、交通畅通、排水良好、标识清晰；临水、临电和临时设施是否管理有序；施工材料、设备、垃圾、渣土等管理是否良好；保卫、消防和生活卫生等管理是否符合规定	1	
	工程监理（2分）	项目监理机构人员配备	项目监理机构人员配备是否符合监理投标文件及合同约定，能否满足项目监理工作需求	0.5	
		监理规划及监理实施细则	监理规划及监理实施细则内容是否符合项目监理需求，审批流程是否符合相关规范要求	0.5	
		监理工作	监理工作是否按监理合同约定实施"三控两管一协调"（质量、造价、进度控制，合同管理和信息管理，工程建设相关方关系协调）职责是否履职到位，安全生产管理的法定职责是否履职到位	0.5	
		监理档案资料	监理档案资料是否完整，质量和要素是否满足相关要求	0.5	

一级指标	二级指标	三级指标	评价准则	子项满分值	评价得分
竣工验收与决算（15分）	竣工验收（5分）	专项验收标准、验收程序	防雷验收、节能验收、环保验收和电梯验收等专项验收是否符合施工合同、设计文件及相关标准规范要求，是否符合国家、行业和地方有关规定	0.5	
		专项验收时间	是否符合既定进度计划时间要求	0.5	
		专项验收原始资料	是否准备齐全，有无隐瞒和作假现象	0.5	
		工程质量评定	有无主观臆断和人情因素	0.5	
		联合验收前预验收	是否按国家、行业和地方有关规定程序、进度安排组织验收并通过	0.5	
		专项验收申报资料	是否按时间要求申报，且所报资料是否一次性"合格或齐全"	0.5	
		现场联合验收	是否认真严谨，有无流于形式；是否一次通过	0.5	
		工程档案文件	是否符合国家有关工程勘察、设计、施工、监理等方面的技术标准规范；是否真实、准确、完整，且与工程实际相符；是否字迹清楚、图样清晰、图表整洁、签字盖章手续完备	0.5	
		工程档案预验收	是否按时通过	0.5	
		工程档案移交	移交至城建档案管理机构的时间是否符合规定	0.5	
	工程结算（7分）	工程结算的时效性	工程结算资料报送是否及时	1	
		工程结算资料质量	工程结算报告的编制方法、范围、标准是否合法合规；工程结算资料中的工程量核定单、工程定额套价、各项费用及规费、设计变更、洽商及现场签证、材料价款调整、索赔费用等资料是否真实、完整、准确	1	
		工程结算审计报告	工程结算审计报告出具是否及时	1	
		工程质量保证金	工程质量保证金的扣留是否合法合规	1	
		工程结算审核报告质量	工程结算审核报告的编制方法、范围、标准是否合法合规，签字盖章是否齐全	1	
		工程收尾	工程收尾工作是否周到	1	
		遗留问题处置	工程遗留问题是否确定了处理方式和期限	1	

一级指标	二级指标	三级指标	评价准则	子项满分值	评价得分
竣工验收与决算（15分）	竣工财务决算（3分）	竣工财务决算时效性	竣工财务决算的编制是否及时	0.5	
		竣工财务决算资料质量	竣工财务决算所需资料是否完整、真实、准确	0.5	
		竣工财务决算编制的合规性	固定资产入账依据是否充分，是否有将不具备竣工财务决算编制条件的项目提前或者强行编入竣工财务决算；账务处理是否正确，会计核算是否合法合规	0.5	
		竣工财务决算报告质量	竣工财务决算报告内容和格式是否合法合规	0.5	
		竣工财务决算报表质量	竣工财务决算报表内容和格式是否合法合规，填列的数据是否完整、准确，表间勾稽关系是否正确	0.5	
		竣工财务决算审核报告质量	竣工财务决算审核报告内容是否齐全，审核报告说明书编制是否合法合规；审核报告中所列数据是否完整、准确，表间勾稽关系是否正确，是否与竣工财务决算报告相一致	0.5	
运行维护（6分）	运行管理（4分）	运行管理机构	运行管理机构设置是否合理；运行维护人员配置数量、职位设置是否合理；运行维护人员培训和内容是否合理	0.5	
		工程档案资料移交	工程档案资料移交是否全面有效，并履行相应程序	0.5	
		运行管理规章制度	是否制定并执行完善、规范的运行管理规章制度	0.5	
		建（构）筑物维修保养	建筑物、构筑物维修保养情况是否良好	0.5	
		运行管理考核	项目运行记录资料是否完整、内容是否齐全；是否有相应的运行管理考核制度并落实	1	
		师生满意度	师生作为用户对项目的满意度	1	
	实施设备管理（2分）	设施设备管理制度	是否制定必要的设施设备运行管理、考核和维护制度	0.5	
		设施设备管理人员配置	设施设备管理人员结构是否合理并持证上岗	0.5	
		设施设备管理手段	是否利用设施设备管理系统实施管理	0.5	
		设施设备维修保养情况	设施设备维修保养情况是否符合要求	0.5	

一级指标	二级指标	三级指标	评价准则	子项满分值	评价得分
建设管理（20分）	管理制度（5分）	基本建设纲领性制度	是否建立涵盖基本建设各环节管理的纲领性校级制度文件，例如《**高校基本建设管理办法》	0.5	
		立项报建管理办法	是否建立含有项目建议书的编制及报批立项、可行性研究报告评估及报批；项目前期报建、项目实施过程中报建、项目竣工报验等内容的立项报建方面的制度	0.5	
		规划设计管理办法	是否建立含有勘察、设计、图审等内容的规划设计方面的制度	0.5	
		工程造价管理办法	是否建立含有可行性研究报告阶段投资估算审核、初步设计概算审核、工程量清单编制、施工过程中及工程结算造价管理方面的制度	0.5	
		招标采购管理办法	是否建立含有招标采购范围、招标采购方式及限额标准、组织程序、申报程序等内容的招标采购制度	0.5	
		合同管理办法	是否建立含有合同审批、签署、备案、履行及变更、交接及归档、合同纠纷等内容的合同管理制度	0.5	
		施工管理办法	是否建立含有施工质量管理、施工工期进度管理、施工安全管理等内容的施工管理制度	0.5	
		变更管理办法	是否建立含有变更申请及审批、工程签证和工程洽商等内容的变更管理制度	0.5	
		工程价款支付管理办法	是否建立含有工程款支付、工程质保金支付、工程建设其他费支付、工程规费借款等内容的工程款支付制度	0.5	
		竣工验收与决算管理办法	是否建立含有竣工验收与决算、工程移交等方面的竣工验收与决算制度	0.5	
	项目管理创新（4分）	项目过程管理创新	项目过程管理中应用了哪些管理方法，明显提高了工程质量、进度，节省资金的效果，例如：信息化集成建设、总包集中管理、深化责任成本管理、深化设计、人员管理方面的创新等	0.5	
		勘察设计奖项	项目在勘察设计领域是否获得国际级、国家级、省部级、地市级的奖项	0.5	
		设计成果奖项	项目在设计成果领域是否获得国际级、国家级、省部级、地市级的奖项	0.5	
		工程质量奖项	项目在工程质量领域是否获得国际级、国家级、省部级、地市级的奖项	0.5	

一级指标	二级指标	三级指标	评价准则	子项满分值	评价得分
建设管理（20分）	项目管理创新（4分）	工程装饰奖项	项目在工程装饰领域是否获得国际级、国家级、省部级、地市级的奖项	0.5	
		绿色建筑、节能奖项	项目在绿色建筑、节能奖项领域是否获得国际级、国家级、省部级、地市级的奖项	0.5	
		其他奖项	项目是否在其他领域获得国际级、国家级、省部级、地市级的奖项，例如安装之星	0.5	
		"四新"技术的应用	项目建设过程中是否有"四新"技术，即：新技术、新材料、新设备、新工艺的推广和应用	0.5	
	信息化管理（5分）	信息管理规划和管理制度	是否制定完整的信息管理规划、管理制度并落实	0.5	
		建设项目全生命周期信息综合处理平台	是否建立涵盖整个项目全面的信息综合处理平台	0.5	
		基于互联网的项目管理、信息交互以及协同工作平台	是否采用了数字化办公、网络办公等信息化管理手段	0.5	
		协同设计平台	参建各方是否通过信息处理平台协同设计（比如BIM）	0.5	
		成本处理软件或平台	采用成本处理软件或平台来处理建设项目概算、预算、结算等造价问题	0.5	
		质量、进度、安全软件或平台	主要指建设项目建设过程中针对质量、进度、安全等方面是否采用信息化处理软件和平台	0.5	
		财务管理软件或平台	是否采用财务管理软件或平台，包括日常财务管理以及财务结算等	0.5	
		项目运行维护阶段信息数据的收集和处理系统	主要指建设项目运行维护阶段是否建立信息数据的收集和处理系统	0.5	
		项目档案数字化和集成化处理平台	主要指项目资料电子化存档	0.5	
		其他项目信息化管理平台	由被评价单位提供支撑材料	0.5	
	廉政与风险防控（6分）	廉政风险教育工作台账	是否建立廉政教育工作台账，记录廉政教育的计划安排、阶段总结以及开展教育的时间、地点、参加人员、教育内容、研讨发言等情况	1	

一级指标	二级指标	三级指标	评价准则	子项满分值	评价得分
建设管理（20分）	廉政与风险防控（6分）	廉政风险教育活动	是否定期举办廉政风险教育活动，可以采取举办培训班、报告会、廉政党课、专题研讨、廉政展览、警示教育等多种形式	1	
		廉政风险防控协作机制落实情况	学校纪检监察、审计、财务、工会等部门是否参与基建项目管理过程	1	•
		岗位风险防控机制	是否制定明确的岗位责任分工；是否明确岗位责任主体；是否实现风险岗位定期轮岗	1	
		"一岗双责"落实情况	是否落实处级岗位责任清单，并签订处级干部廉政责任风险承诺；是否落实关键岗位责任清单，并签订廉政责任书	1	
		廉政问题查处情况	是否存在被查处的廉政问题（发生一起，此项不得分）	1	
建设规模（2.5分）	办学规模（0.5分）	办学规模评价指标变化率	（后评价时点指标值−可行性研究或初步设计指标值）/可行性研究或初步设计指标值×100%，变化率在 ±15% 之内	0.5	
	建筑规模（0.5分）	建筑规模评价指标变化率	（竣工备案建筑面积−可行性研究或初步设计建筑面积）/可行性研究后初步设计建筑积×100%，变化率在 ±10% 之内	0.5	
	投资规模（1.5分）	项目建议书阶段投资偏差率	（竣工财务决算−项目建议书投资匡算）/项目建议书投资匡算×100%，偏差率在15%之内	0.5	
		可行性研究阶段投资偏差率	（竣工财务决算−可行性研究投资估算）/可行性研究投资估算×100%，偏差率在10%之内	0.5	
		初步设计阶段投资偏差率	（竣工财务决算−初步设计投资概算）/初步设计投资概算×100%，偏差率在5%之内	0.5	
功能效果（3分）	功能效果（3分）	主体功能	能否为人才培养提供足够的建筑空间和功能，如功能用房布局是否合理、数量与需求的适配度等	1.50	
		社会功能	在满足教学、科研使用要求的基础上，为附近居民提供活动空间的能力	0.5	
		配套功能	对于高校主体功能和社会功能提供的保障程度	0.5	
		基础设施功能	对于师生教学、科研和生活提供的公共服务程度	0.5	
经济效益（2分）	财务效益评价（0.5分）	高校建设项目的财务状况	从"投资活动是否值得"的概念出发，并考虑其具体功能增加的量化	0.5	

一级指标	二级指标	三级指标	评价准则	子项满分值	评价得分
经济效益 （2分）	国民经济效益评价 （1.5分）	社会费用—效益分析	社会费用—效益分析用影子价格来衡量经济效益及经济费用	0.5	
		建设周期分析	固定资产在建总规模与年度投资完成额的比值	0.5	
		固定资产交付使用率分析	一定时期内由投资而增加的固定资产价值与同期投资完成额之间的比值	0.5	
生态效益 （6分）	资源节约 （2分）	节地	是否节约集约利用土地；是否合理开发地下空间	0.5	
		节材	是否对建筑形体、地基基础、结构体系、结构构件进行优化设计，达到节材效果；是否选用本地生产的建筑材料；是否合理采用高耐久性建筑结构材料，使用以废弃物为原料生产的建筑材料	0.5	
		节水	日用水量是否满足相关节水用水定额要求；是否使用节水器具与设备；是否合理使用非传统水资源	0.5	
		节能	是否符合国家有关建筑节能设计标准规定；围护热工性能指标、供暖、通风与空调是否优于国家有关建筑节能设计标准规定；照明与电气是否采用节能措施；是否合理利用可再生能源	0.5	
	环境协调 （2.5分）	自然地理环境协调	建筑平面形状和用地形状的协调性	0.5	
			建筑形态与自然的地形地貌的协调性	0.5	
			新建项目与原有周围建筑的协调性	0.5	
		生态环境协调	充分考虑当地的气候环境、水文条件、景观植被	0.5	
		人文环境协调	从文化元素、建筑造型、行为空间等因素考虑，体现周密的人文关怀，凸显环境育人，崇尚素质教育	0.5	
	环境影响 （1.5分）	环境影响一致性	建设项目实施后的实际效果与原环境影响评价报告书及其批复文件进行对比分析，是否一致	0.5	
		环境保护措施的有效性	项目投入使用后，废气、废水、噪声、固体废物排放是否符合排放标准，以及相关防治措施的符合性和有效性	0.5	
		环境风险预案的完备性	风险防范措施的落实情况和环境风险应急预案的有效性	0.5	
社会效益 （2.5分）	社会效益 （2.5分）	定性评价	有利于育人环境的改善程度	0.5	
			有利于师生生活条件的改善程度	0.5	

一级指标	二级指标	三级指标	评价准则	子项满分值	评价得分
社会效益（2.5分）	社会效益（2.5分）	定性评价	有利于学校管理水平的提升度	0.5	
			有利于学校教学水平的提升度	0.5	
			有利于使学校优势学科更为突出的促进作用	0.5	
项目总分	100（分）			100	

第二节　项目后评价前期准备

一、项目第三方后评价机构的选聘

鉴于高校当前专业人员与后评价工作经验的缺乏，考虑到第三方后评价机构具有相应的咨询业务资质，拥有熟悉各类业务领域的专家与人才团队，能够在较短时间内，从受评项目的海量信息中准确发现和把握问题、深入分析原因、总结实践经验并提出合理改进建议；长期从事后评价和管理咨询业务，具有较强的组织能力，拥有专业管理团队和丰富的评价工作实践经验，有助于提高后评价工作的效率和效果；与受评项目及其管理单位没有直接或间接利益关系，立场中立，工作相对独立，可以避免好恶、人情、面子等主观因素的干扰和影响，有利于保障评价结论的客观、公正等优点，高校原则上以委托外部机构的方式来开展后评价工作。

1. 第三方后评价机构的选聘

（1）确定学校第三方后评价机构的选聘标准

根据受评项目的特点和评价目标，学校后评价管理归口单位研究提出了第三方后评价机构的入门标准为：

1）在中华人民共和国境内注册并具有独立法人资格、具有独立承担民事责任能力的企事业单位、行业协会等；

2）具有固定的办公场所及开展评价工作的办公条件，具有健全的财务管理制度、良好的财务状况和商业信誉；

3）具有相关行业管理组织机构颁发的专业资质；

4）在近三年内没有发生违法违规执业行为；没有因违法违规行为被国家行

政执法、行业管理部门或行业协会禁入、列入"黑名单"的记录；在曾经委托的建设项目后评价及其他工程咨询工作中没有出现重大质量问题和不良记录；

5）应具备项目后评价业务能力和工作经验，并在近三年内至少承担过公共建筑后评价项目；

6）委派的项目经理，应具有丰富的项目后评价工作经验和优秀的组织管理能力，近三年内至少承担过公共建筑后评价项目；

7）应具备拥有相应的建设项目管理专家，熟悉土建、机电、安装、装饰等的工程造价专家、财务专家等组建的专职后评价团队；

8）拥有同类项目的后评价工作经验。提出的项目后评价实施思路、方法、工期安排、费用预算等因素要符合项目特点和学校管理的要求。

（2）筹建学校第三方后评价机构库或长名单

1）收集第三方后评价机构资料和信息

依据学校建设项目后评价领导小组批示确定的第三方后评价机构入门标准，后评价归口管理部门利用学校现有中介机构数据库、网络、培训与会议、书籍与文章、合作伙伴、原后评价服务机构等各种渠道，寻找、收集第三方后评价机构信息和资料。

2）第三方后评价机构的初步筛查

后评价归口管理部门通过拜访中介机构、邀请中介机构人员来访、或者通过电话、邮件等远程沟通方式等，进一步了解第三方后评价机构的企业背景与基本情况、专长和相关项目的案例经验（同行业、同类后评价项目等）、专家资源和后评价工作的方法与程序、咨询人员的职业道德等基本情况和曾服务过的客户的评价反馈，结合学校确定的第三方后评价机构的选聘标准，初步形成入选学校第三方后评价机构库名单或长名单。

（3）第三方后评价机构资格审查

后评价归口管理部门编制项目第三方后评价机构资格预审查文件，向初步入选学校第三方后评价机构库名单或长名单的单位发出邀请函，组织开展项目第三方后评价机构资格审查工作。经过前期资质审查，最后有不少于3家符合基本条件，进入第三方后评价机构商务谈判入围短名单。

（4）后评价工作实施方案洽谈

后评价归口管理部门向入围的第三方后评价机构介绍后评价需求产生的原因与背景、评价主要内容范围和希望达到的目的，以及受评项目和单位的基本情况，要求第三方后评价机构编制能够向学校说明后评价工作思路程序、人员安排、时间计划、费用预算、成果提交方式与时间等内容的书面后评价工作实施方案。

后评价归口管理部门组织入围的第三方后评价机构现场分别讲解工作实施方案，并回答相关疑问，并与其进行讨论和沟通。交流过程中如发现入围单位中不能满足要求或符合相关废标规定的，该单位将被排除在本次第三方后评价机构选择范围之外。

根据与余下入围单位的商务谈判，综合评价思路、服务承诺、团队构成、服务报价、实施周期等多种因素考虑，后评价归口管理部门确定推荐中选咨询公司作为后评价工作的承担单位。

（5）商务谈判和合同签订

后评价归口管理部门与中选第三方后评价机构，围绕后评价目标、内容与细化的成果、项目时间计划、项目组织与人员构成、咨询费用和付款方式等内容开展商务谈判，最终在商务方面达成一致。

双方通过洽谈在商务方面达成一致后，便开始起草后评价委托合同，合同内容包括如下主要内容：

1）订立合同的甲乙双方，即委托方与受托方；

2）项目名称；

3）项目评价工作内容及评价期间；

4）项目成果、成果提交与验收方式；

5）项目总体时间、工作计划框架或项目里程碑；

6）双方项目组人员组成及主要职责；

7）双方在后评价项目中各自承担的工作、权限和义务；

8）保密与知识产权条款；

9）总体费用、付款条件和支付方式；

10）项目终止、延期处理、其他争议处理与违约责任。

并约定，学校审批认可的项目工作方案作为委托合同的附件。

经过多次协商，后评价归口管理部门与中标第三方后评价机构就合同条款和细节达成一致。经过双方确认，形成了最终的后评价委托合同文本。

2.后评价工作方案的报批

（1）编制项目后评价工作方案

后评价归口管理部门结合第三方后评价机构提交的工作方案，结合学校管理规章、流程，依据学校后评价工作的整体安排计划，编制后评价工作方案。工作方案包括的内容主要有：

1）选择本项目作为后评价项目的理由；

2）本项目的后评价工作目标；

3）具体的项目评价时间；

4）项目评价内容和工作重点；

5）评价依据的获取；

6）第三方后评价机构选择程序和选用方式的理由；

7）费用预估；

8）项目后评价工作的时间计划。

（2）后评价工作方案的报批

受项目后评价工作领导小组委托，后评价归口管理部门将建设项目后评价工作的评价目标与内容、组织形式、费用预算、时间计划、中介机构的选聘建议和依据等内容，编制形成内部请示文件（包括受评建设项目后评价工作方案），按程序报送主管领导审批后与中选第三方后评价机构签署后评价委托合同。

二、后评价工作启动

1.启动阶段各方准备工作

自后评价委托合同签署之后，直至评价工作组进驻项目现场开展调研工作之前，学校（后评价委托单位）、学校基建处（受评部门）、咨询公司（第三方后评价机构）等，以顺利完成后评价工作任务为导向，分别开展并完成各项准备工作，包括评价团队的组建、通知下发和启动会的召开等。其中：

（1）学校（后评价委托单位）

1）根据后评价工作需要，在学校建设项目后评价工作领导小组领导下，拟成立以后评价归口管理部门为主、其他部门参与的建设项目工作组或工作专班。

2）学校建设项目后评价工作领导小组办公室主任为迎评负责人，由其协助完成该项目的后评价工作与其他单位的协调联络工作。

3）下发后评价工作通知。鉴于该受评项目尚未开展过自我评价工作，根据评价工作需要，评价工作组设计《建设项目总结报告》大纲，随同后评价工作通知一起下发到基建处（受评部门），要求其在约定期限内组织完成总结报告的编写工作后及时上报。

4）与后评价工作通知一起下发的，还有需要各方整理并提供的资料清单。

（2）学校基建处（受评部门）

1）根据上级要求和后评价工作需要，组成由基建处处长任组长的后评价迎评协作组，建设项目主要管理人员任组员。

2）根据后评价资料清单的要求，由迎评负责人整理和收集本单位存档的建设项目相关资料，并按时向评价工作组提供。

3）后评价迎评协作组，依据学校后评价管理办法组织完成《建设项目总结报告》的编写；编制完成的报告经基建处领导审核签章后，在规定时间内提交给学校项目后评价工作领导小组及其办公室、评价工作组。

（3）咨询公司（第三方后评价机构）

1）组建评价工作组。根据委托合同的约定，结合建设项目特点和评价目标，组建项目经理、5位技术专家（分别专长于基本建设管理、项目管理、投资管理、造价管理和建设项目类似项目运行管理领域）为成员的评价工作组。

2）评价工作组组织编制完成现场调研阶段的详细工作计划和任务分工。在人员明确并到位之后，项目经理组织召开评价工作组内部沟通会。沟通会上，对委托单位的要求、评价内容与目标、实施方案、受评项目基本情况、现场调研阶段详细工作计划和任务等进行介绍，明确评价工作组的人员构成与分工，并对现场调研的准备工作进行部署和安排。

3）评价工作组根据评价内容和目标编制《需要提供的项目后评价资料清单》，见表4-2。

需要提供的项目后评价资料清单　　　　　　　　　　　　　　表4-2

项目名称：		委托单位		
资料提交截止日期：		复核人		时间：
序号	资料名称	资料来源	提供时间	格式及版式说明	备注
1	项目建议书及批复文件				
2	可行性研究报告及批复文件				
3	项目概算及批复文件				
4	初步设计文件及批复文件				
5	前期计划申请表				
6	新开工计划申请表				
7	续建计划申请表				
8	年度建设项目计划表				
9	招标投标文件				

序号	资料名称	资料来源	提供时间	格式及版式说明	备注
10	合同清单及主要合同执行情况				
11	节能专项审查				
12	勘察文件及地质勘察报告				
13	土地使用权出让合同书				
14	用地红线图				
15	建设用地规划许可证				
16	建设工程规划许可证				
17	节能评估文件				
18	财政拨款记录				
19	施工图审查报告/实施计划及作业指导文件				
20	设计变更图纸和说明				
21	概算调整报告				
22	项目实施进度计划表				
23	施工许可证				
24	工程监理日记				
25	工程监理报告				
26	工程验收报告				
27	工程结算及审计报告				
28	竣工财务决算及审计报告				
29	财务决算批复文件				
30	资金申请报告				
31	财政拨款记录				
32	档案资料清单				
33	年度财务报告/审计报告				
34	各项管理制度、工作指引文件				
35	相关佐证材料				
	……				
资料接收人		签名 日期		资料提交人	签名 日期

4）在后评价归口管理部门的协调和组织下，评价工作组完成对基建处存档项目资料的收集工作，并组织全体成员查阅分析相关文件，从中获取大量的有用

信息，这些信息和分析结果有助于指导现场访谈提纲的拟订工作。

5）根据资料分析阶段发现的某些重要线索和事实，相应对现场调研工作计划进行及时修订和调整。

2.项目启动会的召开

经过充分的准备与精心组织，学校项目后评价工作领导小组办公室组织召开后评价项目启动会。

为确保启动会的召开效果，后评价归口管理部门将启动会地点选择在受评部门基建处。项目启动会有以下各方人员参加：

（1）学校（委托单位）：

学校后评价工作主管领导、学校建设领导小组主管基建工作领导、负责人、迎评负责人、项目后评价工作领导小组办公室工作人员。

（2）学校基建处（受评部门）：

迎评协作组全体成员，包括各部门负责人及受评项目主要管理人员。

（3）咨询公司（第三方后评价机构）：

项目经理、评价工作组主要成员。

通过学校领导动员发言和咨询公司项目经理对后评价工作情况的介绍，使有关各方了解项目后评价的相关知识和工作程序，明确了各自在工作中的配合与协助职责，消除思想顾虑。最后，学校项目后评价工作领导小组办公室负责人对现场调研的准备工作作出部署和安排。

第三节 现场调研

在完成了前期资料收集和分析、项目启动会以及其他准备工作之后，项目后评价工作组与学校后评价归口管理部门共同进驻受评项目现场，进入后评价现场调研阶段。

一、召开项目进点会

经过项目后评价工作组与学校后评价归口管理部门精心的准备与协调，由学校后评价归口管理部门在学校基建处组织召开后评价项目进点会。

会前，项目后评价工作组详细研读基建处提交的总结报告、项目存档资料，对项目概况有一定的了解，编制现场调研阶段工作计划，经过项目后评价工作组内部讨论并修订后确定，传达到每一个成员；受评部门已完成相关资料的收集与整理工作，具备资料交接和进驻现场的条件。

1.各方参加人员：

（1）学校（委托单位）：学校后评价工作主管领导、负责人、迎评负责人、项目后评价工作领导小组办公室工作人员。

（2）学校基建处（受评部门）：迎评协作组全体成员，包括部门负责人及受评项目主要管理人员。

（3）咨询公司（第三方后评价机构）：项目经理、项目后评价工作组主要成员。

2.进点会主要议程

（1）动员发言

委托单位领导做工作动员，说明后评价工作的目标和意义，以消除受评部门相关人员不必要的心理顾虑，统一认识，以争取他们的支持与全力配合。

（2）工作介绍

项目后评价工作组项目经理说明具体评价内容和范围；介绍后评价的工作程序和总体工作计划；对需要提供的资料清单、受评部门的配合及参与方式等进行说明，让受评部门相关人员清楚地知道要做什么和应该怎么做，以提高其配合效率和质量。

（3）听取受评部门汇报

学校基建处（受评部门）在项目后评价工作组全面开展现场调研工作之前，通过进点会的形式就受评项目的组织、建设、管理等基本情况向项目后评价工作组做正式汇报，一方面可以帮助后评价工作组迅速、全面地熟悉项目情况，另一方面，可充分介绍受评部门在项目管理过程中的经验与不足，这些方式比书面总结报告的方式更形象更具体。

（4）商定现场调研工作计划

现场调研工作计划的商定，一方面方便受评管理部门了解评价工作程序，为评价工作提供具体的支持和配合，例如资料文件的交接与借阅、管理人员访谈时间的预约、会谈场地的安排、安排项目现场踏勘与调查等；另一方面，通过各方讨论确认，使各方工作组成员明确现场调研阶段的工作计划与所负责的工作内容，以方便各自合理安排工作和时间，保证后评价工作按计划开展。

现场调研工作计划主要内容是明确在现场调研期间各项工作的具体内容、预期目标和成果、工作任务分解与详细任务描述、各任务起止时间、各方责任分工等。该计划由项目后评价工作组拟订后，在会前发至后评价归口管理部门、受评部门并做前期沟通，在进点会上讨论后予以确认。

通过进点会议的召开，统一各部门和负责人对项目后评价的思想认识，明确后评价工作的各方配合人员，并商定了现场调研阶段的实施计划。

二、后评价资料收集与分析

1.资料收集与分析

在指定时间内，学校基建处（受评部门）按照项目后评价工作组的《资料清单》整理并提交相关的资料文件。双方在资料确认单上签字。

在对资料进行梳理分析的基础上，评价人员对问题出现的环节、具体表现等记录形成工作底稿，对于暂时无法核实的问题，在底稿中注明下一步核实的方法和计划（如访谈方式、现场勘查方式等）。

项目后评价资料确认单【样表】

根据项目后评价工作组提交的资料清单，受评部门已提供了全部资料。确因特殊情况个别资料当前无法提供的，经项目后评价工作组同意，可在　　年　　月日前及时提供给项目后评价工作组，过期不提供则视同资料缺失。

受评部门已经提供的资料：

1.

2.

3.

······

受评部门未提供的资料：

1.

2.

3.

······

其他事项说明：

受评部门　　　　　　　　　　　　评价工作组

负责人签字　　　　　　　　　　　负责人签字

　　　　　　　　　　　　　　　　　年　　月　　日

2.管理人员访谈

根据评价内容和评价目标，项目后评价工作组将受评建设项目的访谈范围设定为内部访谈。项目后评价工作组根据后评价工作的需要和受访对象，有针对性地设计和编制访谈提纲，并提前两天发给受访对象，以便其做好准备。

项目后评价工作访谈提纲					
受访人		受访人职务		访谈主持	
访谈时间		访谈地点		记录人	

访谈目的：
　　首先感谢您能在百忙中配合与支持我们的访谈工作。受学校委托，我们目前正在开展**建设项目后评价工作。此次访谈的主要目的是请您协助项目后评价工作组了解当时项目的管理情况。希望你能够完整、客观、真实地反映具体情况。对于您的访谈记录，我们负有保密义务，仅限于项目后评价工作组内部使用，如若在报告中使用也将做必要的匿名处理。

访谈内容：
　　问题1：建设项目建设期间的管理团队是如何分工的？
　　问题2：作为**方面的负责人，都是通过哪些手段和措施对项目进行监督管理的？
　　问题3：……

　　……

访谈过程中，项目后评价工作组安排专人做访谈记录，并在当天完成访谈记录的整理，于次日分别交受访人和访谈主持人复核无误之后签字。

项目后评价工作访谈记录					
受访人		受访人职务		访谈主持	
访谈时间		访谈地点		记录人	
访谈主持签字			受访人签字		

访谈记录：
　　Q1：文字描述（如实记录访谈主持的提问）
　　A1：文字记录（如实记录受访人的陈述）

　　Q2：文字描述（如实记录访谈主持的提问）
　　A2：文字记录（如实记录受访人的陈述）
　　……

3.现场勘查

项目后评价工作组按分工对相关资料进行研读和分析之后，各自提出需要通过现场勘查予以核实的事项与目的，经工作组内部讨论对现场勘查的工作重点达成共识，并形成书面材料提前发给受评部门，由其安排专人带领评价人员对现场进行勘查。勘查过程中，评价人员对关键部位和问题节点进行取证拍照。对于未能达到预期勘查目标的事项，项目后评价工作组可向受评部门提出要求，再次开展现场勘查。

完成现场调查取证工作之后，项目经理组织召开内部情况沟通会，由各组评价专家就初步评价观点进行交流，互通有无，相互印证，并就未明事项和有争议的观点进行论证和研讨。项目后评价工作组在对评价意见形成一致意见并确认各类材料收集完整、无未清事项之后，撤离项目现场，现场调研工作宣告结束。

第四节　项目分析与评价

学校后评价归口管理部门与咨询机构评价工作组共同进驻受评建设项目现场，完成现场调研工作撤离项目现场之后，咨询机构评价工作组在公司办公室，对现场调研工作获取的基础事实信息，进行数据收集、整理、分析与评价后，开始进入分析与评价阶段。

一、项目过程分析与评价

咨询机构评价工作组在《项目总结报告》和现场调查研究的基础上，运用选定的项目后评价方法与评价指标，对建设项目全过程各阶段及其产生的问题和原因进行全面系统的回顾、总结和评价。各专家小组按照分工，对项目立项决策、建设实施、竣工验收与决算、运行维护等各阶段的工作质量及管理水平进行评价，总结项目的成功经验或失败教训。高校建设项目立项决策后评价的重点是评价项目设立的必要性和可行性、项目可行性研究的充分性，以及项目审批过程的合法合规性。项目建设实施后评价的重点是项目报批报建的合法合规性，实施活动的合理性与成功度，项目业主的组织能力与管理水平等。项目竣工验收与决算后评价的重点是全面考核项目建设成果，系统全面客观分析评价项目工程结算工作，分析评价竣工财务决算过程、竣工财务决算报告及报表质量、竣工财务决算审核报告质量等。项目运行维护后评价重点是根据项目实际运行维护数据，以项目预期目标为基础，找出差距并分析原因，评价高校建设项目运行维护内外部条件。

在廉政与风险防控方面，学校应高度注意并采取有效措施做好项目建设过程中的廉政风险防控工作，深入加强内控管理，多部门、多角度、多种措施联防，定期梳理排查风险点。

项目经理汇总各专家小组的意见，全面综合评价建设项目全过程的管理水平和工作质量。

二、项目效果和可持续性分析与评价

咨询机构评价工作组根据《项目总结报告》和现场调查研究资料，以"结果"为导向，运用选定的项目后评价方法与评价指标，重点评价高校建设项目在后评价时点已取得的效益和效果。

各专家小组按照分工，分别对规模效益、功能效果、经济效益、生态效益、社会效益等方面进行后评价。高校建设项目建设规模效益后评价主要围绕学校办学规模、建筑规模和投资规模等方面展开，对比分析高校建设项目实际规模与前期策划规模。项目功能效果后评价主要从主体功能后评价和其他功能后评价两个维度展开，评价项目前期策划的功能定位与竣工验收及决算的实际功能的匹配程度。项目经济效益后评价主要从财务效益后评价和国民经济效益后评价两个维度展开，对比分析高校建设项目竣工投入使用后所产生的实际经济效益与可行性研究时所预测的经济效益。项目生态效益后评价主要从资源节约、环境协调及环境影响后评价三个维度展开，评价建设项目实施产生的生态环境功能及所采取环境保护措施的有效性。项目社会影响后评价将实际发挥的社会效益与预设评价标准进行比较，得到最终的社会影响评价结果。

项目经理汇总各专家小组的意见，对高校建设项目实施效益做出全面的分析评价。

第五节　编写后评价报告

分析与评价工作完成之后，就进入了后评价报告编写阶段。这个阶段，评价工作组主要完成评价专家的评议、评价意见的沟通、后评价报告撰写与评审等工作。这个阶段是后评价报告形成的最关键、最主要的阶段。评价报告质量的高与低、逻辑分析是否严谨、评价结论是否准确，都取决于这个阶段的工作质量。

一、评价意见专家评议和双向交流沟通

1.专家评议

在受评建设项目的评价结论已经形成之后，评价工作组根据本项目的类型和特点，本着客观、独立、公正、全面的原则，讨论确定后评价评价因素，形成建设项目后评价综合评价表（详见本章一节高校建设项目后评价报告框架中附表2）。评价工作组对后评价综合评价表中每一项指标的含义与评分标准进行充分讨论。在取得共识的基础上，各评价专家背对背进行独立打分，并出具专家独立评价意见。结合项目打分情况，可以判断项目整体和各个阶段的成功度。

（1）项目成功度评价表（示例）

序号	评定项目指标	项目相关重要性	评定等级
1	立项决策		
2	建设实施		
3	竣工验收与决算		
4	运行维护		
5	建设管理		
6	建设规模		
7	功能效果		
8	经济效益		
9	生态效益		
10	社会效益		
	项目总评		

注：1.项目相关重要性：分为重要、次重要、不重要
　　2.评定等级分为：A—成功、B—基本成功、C—部分成功、D—不成功

（2）专家独立评价意见表（示例）

专家独立评价意见表			
评价项目名称：		评价专家姓名：	
评价范围：		专家职称职务：	

专家评价意见：							
评价结论1:（文字描述，结论要清晰明确，并说明评价理由和依据） 评价结论2:（文字描述，结论要清晰明确，并说明评价理由和依据） ……							
专家建议：							
建议1:（文字描述，建议应结合评价结论，具有较强针对性和可行性） 建议2:（文字描述，建议应结合评价结论，具有较强针对性和可行性） ……							
专家签字：				时间：	年	月	日

2.评价意见的交流沟通

（1）与受评部门的交流沟通

根据项目后评价工作要求，受评项目后评价工作组在形成评价意见之后，评价人员应编制相应的工作底稿，经项目经理审核签字后以书面形式提交受评部门，征求受评部门的反馈意见。项目后评价工作底稿（模板）如下：

项目后评价工作底稿

索引号：　　　　　　　　　　　　　　　　　　　　　　　　共　页第　页

受评项目名称		金额单位	万元			
后评价期间		评价事项	投资控制			
评价过程记录	投资控制方面存在的问题： 本项目**年**月**日可行性研究报告批复总投资为**万元（不含土地费分摊），而实际总投资为**万元（不含土地费分摊），超投资**万元。数据来源：项目工程结算审计报告。					
评价结论或发现的问题	1.**原因致使初步设计概算漏项； 2.招标工程量清单漏项较多，工程量计量与实际量值有一定偏差等					
评价人员		编制日期		年	月	日
复核意见	数据计算无误，同意评价结论					
复核人员		复核日期		年	月	日
受评部门意见	数据计算无误，同意评价意见					
受评部门负责人		意见反馈日期		年	月	日

受评部门应在约定期限内就工作底稿所反映的事项和评价意见做出书面说明，并提供相应的证明材料。对其反馈意见，项目后评价工作组核实无误，应经

过内部讨论方能决定是否予以采纳。

（2）与委托单位的交流沟通

为确保后评价意见准确、有据、可信，深度符合委托单位要求，避免后评价内容有疏漏，受评项目后评价工作组在形成评价意见之后，应及时组织与委托单位的意见沟通会。

意见沟通会宜以PPT口头汇报方式开展，项目后评价工作组项目经理作为汇报人，报告内容应包括：

1）后评价目标和范围；

2）后评价工作开展概况；

3）各专项评价意见及依据；

4）主要评价结论及依据；

5）下一步工作计划；

6）需要委托单位继续提供的协助内容。

只有后评价意见交流准备充分，汇报思路清晰，内容概要精炼，评价分析严谨，结论合理准确，问题回答准确到位，评价工作组的评价意见才能获得委托单位与会领导的一致认可。

二、报告编写及报告评审

1.报告编写

依据《**高校建设项目后评价实施机构操作指引本操作指引》所附《建设项目后评价报告框架》的报告标准格式，结合本项目特点，在意见沟通的基础上，评价工作组完成了《**高校**受评建设项目后评价报告》的编写工作。

2.报告评审

学校后评价归口管理部门应精心准备，组织召开后评价成果评审会。项目后评价工作组需要做关于受评项目后评价项目成果汇报，并接受与会评审专家的质询。只有项目后评价工作组织有序、认真务实、准备充分，报告才能获得一次性评审通过。

在召开后评价成果评审会前，项目后评价工作组需要着重完成以下几项工作，确保了报告的一次评审通过：

（1）全方位深层次沟通交流

在后评价报告报请审定验收之前，项目后评价工作组首先要就报告的各个章节的具体内容逐一与相关职能部门沟通，深入交流受评项目存在的不足和相应的评价意见，听取相关部门的意见和建议，并对后评价报告的内容进行相应的修订和完善。一方面，各相关职能部门对存在的不足和评价意见理解得越透，对今后的管理改进就越有利；另一方面，提前的沟通也是尊重对方的一种感情沟通，有利于在成果验收会上一次性验收通过。

（2）充分准备评审会报告

项目后评价工作组应对评审汇报做充分的准备，包括针对性的PPT设计、汇报前的预演练习、评审专家提问预案的练习等。针对评审专家的意见和提问，现场由项目经理或评价专家做出回复或解释。只有准备充分，回答得当，对问题的答复才能得到与会评审专家的满意和认可。

第五章
高校建设项目后评价案例

基于高校建设项目后评价实务流程，以**大学新建的图书馆为案例，结合学校管理模式和建设项目特点，围绕后评价项目总结报告、项目后评价报告这两个高校建设项目后评价核心文件，较全面、系统地讲解高校建设项目后评价工作的流程及主要成果。

背景资料：

大学新建校区图书馆项目，坐落在**市**区**路**号，**大学新建**校区院内。总建筑面积35625平方米，地上7层，地下1层，建筑高度29.92米。2014年8月*日竣工交付并投入使用。主要建设内容为图书馆、会议中心、地下停车场及人防等，藏书量150万～200万册。

第一节　项目后评价筹备及启动

在高等教育内涵式发展的新时代，面对大环境提供的机遇和挑战，校园文化建设的重要性逐步凸显。高校图书馆作为提供学习阅读服务的重要机构，有着极强的文化属性，是校园文化建设的坚实阵地，是隐形的教育课堂，对学生起着潜移默化的导向作用。它具有强烈的文化辐射功能，通过丰富的文献资源、先进的网络设备、优雅的人文环境、完善的规章制度、科学的管理方法和优质的服务等营造了校园精神文化氛围。为此，学校研究决定对新建图书馆项目组织实施项目后评价活动。

1.成立机构

学校成立了新建**校区图书馆项目后评价工作专班，组长由主管学校基建工作的副校长担任，成员单位有校长办公室、基建处、财务处、审计部、监察室、后勤管理处、图书馆等。工作专班办公室设在校长办公室。

2.聘用后评价中介机构

图书馆项目后评价工作专班办公室通过电话、邮件、实地调研等对后评价中介机构进行了解，横向对比各中介机构的企业背景、基本情况、专长领域、相关经验、专家资源、后评价工作方法以及用户反馈情况，依据后评价工作专班确定的后评价中介机构的选聘标准，经过前期资质审查，选择了五家后评价中介机构进入商务谈判短名单。

针对后评价需求，结合图书馆项目的基本情况，要求后评价中介机构编制相应的书面后评价实施方案并进行现场讲解工作，经过充分地讨论与沟通，综合评价思路、服务承诺、团队构成、服务报价、实施周期等多种因素考虑，确定 ** 有限公司承担本项目后评价工作。

第二节 后评价项目总结报告

依据学校后评价管理办法，学校基建处组织完成了新建 ** 校区图书馆项目总结报告。参见第四章第一节《** 高校后评价项目总结报告》模板，为避免重复及精简篇幅，本书仅摘选及整合了案例总结报告的主要内容，体现后评价案例工作流程的完整性。

** 大学新建 ** 校区图书馆项目总结报告

第一部分 项目概况

** 大学新建 ** 校区图书馆项目总建筑面积 35625 平方米，地上 7 层，地下 1 层，建筑高度 29.92 米，总投资 25114.15 万元。项目的主要建设内容图书馆、会议报告厅、展览展示功能、部分办公用房、辅助用房、地下停车及人防等，设计藏书量为 150 万～ 200 万册。该项目于 2011 年开工建设，2014 年完工投入使用。

新校区图书馆成为学校新校区学术活动中心、学术研究中心、学习中心、信息中心和休闲中心，满足全校在校生 1.12 万人、教师 0.1 万人使用。建筑单体造型新颖、特色鲜明，体现现代建筑文化、中国建筑特色及 ** 地域风格。

第二部分 项目全过程总结

1. 项目立项决策总结

该项目建设的必要性和可行性经过充分论证，可行性研究报告编制达到相应深度，经校内决策流程并集体决策后按规定履行报批报备程序进行了上报，审批过程中按规定履行评估程序，评估过程公正公平，评估结果科学严谨。

该项目履行完成报批报建手续，取得建设项目选址意见书、建设用地规划许可证、建设工程规划许可证、建筑工程施工许可证、项目环境影响报告书的批复等相关审批文件，手续齐全，程序合规合法。

2.项目建设实施总结

（1）项目管理情况

项目管理过程中使用学校基建管理团队加外聘专业技术团队的方法进行管理，校基建团队由主管校长、基建处长、基建副处长1人、总工1人、科员2人及借调建筑师1人组成，共7人；外聘专业团队由项目经理兼土木工程师1人、各专业工程师4人及预算人员2人组成，共7人。项目基本建设纲领性制度及基建相关管理办法建设完善。该管理团队组成方式很好地弥补了行政部门在技术方面的不足。

（2）招标采购及设计管理情况

该项目的勘察、设计、施工、监理、设备及家具购置等均按照《中华人民共和国招标投标法》《中华人民共和国政府采购法》等法律法规以及学校的招标采购相关制度严格执行，确保招标采购公开公正。

设计方案、初步设计、施工图等文件充分征求校内相关部门的意见，最大限度地满足各部门的需求。勘察成果和施工图按照要求送审，按时完成审查。

（3）开工准备工作情况

项目设计及施工方案完全符合建设标准和管理要求。学校已完成"三通一平"工作，现场具备施工条件，依据相关合同约定，及时向监理单位、施工单位发放拟建工程施工图纸及相关基建管理制度，组织设计单位、监理单位、施工单位及时开展设计交底和图纸会审工作。施工总承包项目部的现场质量、技术、安全生产管理体系已建立，施工管理及作业人员到位、人员配备齐全，施工机械具备使用条件。开工前的准备工作充分周详，保证了工程在计划工期内顺利实施完成。

（4）施工管理工作情况

质量控制措施。质量保证计划方案的编制和落实情况符合（PDCA）要求，项目的质量事故发生率达标，不存在因质量事故造成重大经济损失；项目质量管理组织机构的建立符合质量控制措施和质量管理能力的要求；基础设施验收通过率、设备验收通过率、大型设备验收通过率、信息化建设验收通过率，升级改造后的系统或管网验收通过率达标。通过项目实施过程各个环节质量控制的职能活动，有效预防和正确处理可能发生的工程质量事故，在政府的监督下实现建设工程项目的质量目标；项目顺利完成五方竣工验收与决算、规划验收、环保验收、消防验收、节能验收。

进度控制措施。施工总进度计划、单位工程进度计划、分阶段（或专项工程）进度计划、分部分项工程进度计划的编制和落实情况符合要求，主要里程碑进度控制情况与施工组织设计计划相符，不存在违规建设、恶意压缩工期现象，项目进度控制采用甘特图和网络图进行管理，施工程序和顺序安排在时间、空间上合理，项目建成后实际工期与计划工期基本相符。

投资控制措施。工程竣工结算前确保通过竣工验收与决算，工程竣工结算的编制范围与合同规定的规模、内容相符；结算编制办法、定额、标准符合有关规定，竣工结算资料中有关工程量核定单、设计变更、变更洽商、现场签证、转结价、费用索赔、价款调整等重要资料真实、完整，竣工结算及审批过程合法、合规、快捷、有效；工程竣工结算造价与合同价的清单项进行比较，工程建设成本节约率达标，不存在超概现象。竣工财务决算，工程投资规模、生产能力、设计标准、重要设备等与可研批复相一致，工程竣工财务决算报表及固定资产报表编制的依据和方法符合财政部和教育部有关基本建设财务管理的规定，决算报表所列有关数字齐全、完整、真实、勾稽关系正确；工程竣工财务决算说明书编制真实、合法、有效；项目资金使用情况及预算内资金的执行情况满足要求。不存在将不具备竣工财务决算编制条件的工程项目提前或者强行编制竣工财务决算的情况。

安全管理措施。项目建设过程中，学校把安全生产放在基本建设管理的第一位。采用定期检查、突击性检查、专业性检查、季节性和节假日前后的检查，以及不定期的经常性检查等方法及时排查整改现场安全施工隐患，以安全促质量，以安全促进度，以安全促廉洁，严控工程安全关、质量关、廉洁关。

合同管理措施。合同主要内容及工程量清单特征与招标文件范围一致，合同双方承担的权力、义务、责任、风险范围、施工范围、采购范围、服务范围、问责和处罚等内容清晰、明确；合同中有关工程变更、清单漏项、误工补偿、不可抗力因素、物价变化、现场签证、施工索赔、提前竣工、暂列金额、暂估价、计日工、工程量计算、工程质保期、预付款及进度款的支付方式和合同纠纷解决方式等主要相关条款内容完备；合同价与中标价一致。施工质量标准符合有关规范和规定，不存在因合同管理原因导致增加投资或直接造成重大损失，项目建设过程中各类合同签订的主体符合要求，合同审核及备案过程合法、高效、完备，属于有效合同。

监理单位管理措施。在图书馆项目建设过程中，监理公司按照合同约定配备有关人员，按照"四控、两管、一协调"的工作内容提供监理与相关服务，依照法律法规、工程建设标准、勘察设计文件及合同，在施工阶段对建设工程质量、进度、造价、安全进行控制，对合同、信息进行管理，对工程建设相关方的关系进行协调，并履行建设工程安全生产管理法定职责的服务活动，从而使建设项目始终处于受控状态，保证了工程顺利完成。

（5）竣工验收与决算程序与执行情况

2014年**月**日新校区图书馆项目完成竣工验收与决算，项目总建筑面积35625平方米，建设单位按照工程竣工验收与决算管理规定，组织勘察单位、设计单位、监理单位、施工单位对本工程进行竣工验收与决算，质量监督单位对本工程竣工验收与决算情况进行全程监督，工程于2014年11月**日完成验收备案。工程于2015年3月**日完成工程档案验收。

3.项目运营（行）总结

图书馆项目建成后，依据学校物业管理相关办法，由学校物业部门统一管理。成立专门的现场管理机构，将按照人员精干、机构精简、职能明确、管理有效的原则，做到定岗、定编、定员。

建成项目正常运营使用后达到预期使用功能，实际使用率达标，不存在资源闲置浪费现象，不存在影响项目的正常使用和运营现象。项目的运营维护和管理措施到位，建立建设项目运营实施方案，确保项目持续性运营，建成项目的周期运营成本（含维修费用）和经济效益控制在预期范围内。

第三部分　项目效果总结

1.建设规模效益总结

图书馆项目的建成，解决了新校区无图书馆可用的困难状况，满足了12项必备校舍中的生均图书馆面积指标，使学校达到基本办学条件和监测办学条件标准，实施效果符合项目需求。

学校在项目建设过程中，严格按照上级单位对项目批复的建设内容、规模、标准等进行建设，办学规模变化率、建筑规模变化率、投资偏差率较小，建筑规模布置合理，投资控制较好，有利于改善学校环境和提升景观效应。

2.功能效果总结

项目的建设有利于学校的长远发展规划，有利于提高学校的综合教学水平，因此，学校各级领导和师生是十分支持的。项目的建设将为社会培养和提供新型技术领域的人才，有利于社会优秀人才的培养。

项目建设得到广大师生的积极拥护和支持，项目建成后符合学校实际需求，使用方便，提高了工作效率，师生满意度高，极大改善了学校师生教学、科研硬件设施和发展平台。

3.项目经济效益总结

新校区图书馆项目总投资为25114.15万元，2011年1月开工，2014年8月竣工，2016年5月完成固定资产入账手续，因项目建设周期较长，固定资产交付使用率比较慢。

第四部分　项目可持续性总结

1.生态效益总结

图书馆项目在设计上，正确处理好节能、节地、节水、节材、保护环境和满足项目功能之间的辩证关系，严格遵守国家各项节能标准。在设备材料选用上，选用低损耗节能的变压器、高效益节能的电气设备、高效率低能耗空调通风设备以及低损耗节能环保的建筑材料，并积极利用洁净能源。

新校区图书馆项目的实施完善了校园硬件设施条件，加强和改进了学校校园文化建设，营造了健康向上的校园文化环境，丰富了校园文化生活，改善科研环境和科研设施。项目设计平面布置合理，绿地率较高，建成后有利于改善学校环境和提升景观效应。

2.社会效益总结

本项目的实施完善了校园硬件设施条件，加强和改进了学校校园文化建设，营造了健康向上的校园文化环境，丰富了校园文化生活，改善科研环境和科研设施，有利于学校吸引全球优秀人才，打造"双一流"人才高地，提升科研水平，提升科技引领作用。建筑设计功能合理，设施先进，有助于提高学校的生活设施水平，提升了学校的对外整体形象，在一定程度上能够推动学校的进一步发展，提高学校的综合竞争水平。

第五部分　项目主要经验教训

1.主要成绩和不足

大学新建校区图书馆项目按照基本建设管理程序进行了科学决策，建设单位认真履行管理者的责任，并创新性地在高校基建中使用学校基建管理团队加外聘专业技术团队的方法进行项目管理，值得推广。在项目实施过程中，建设单位通过前期调研、精细设计，较为合理地控制了项目成本，实现了项目建设的预期目标，同时做到了兼顾社会效益与环境效益。

项目实现了预期的使用功能，硬件设施配套健全，项目建成后运营和维护措施到位，得到**校区师生员工的一致好评。可作为后期类似项目的参考案例。

项目存在的主要问题：项目前期各项报建流程完善、合规，严格履行项目审批程序，及时通过了各项专业报审，但仍应进一步加强前期各项工作的细化程度及对专业的把控。尤其：1.加强设计方案的论证及专项管理，防止出现设计疏漏或工程量清单缺项漏项，以便进一步加强投资概算的准确性，并确保后期各专项验收工作的顺利进行；2.加强多来源资金的整合利用能力，提高资金使用效率，减少招标采购工作的难度与工作量。

2.建议

（1）建议进一步加强对项目前期阶段各项工作的细化管理与专业把控。项目前期，学校用户单位与使用需求往往不够明晰，深度及细化程度不够，而根据学校提出的工期要求，前期审批时间周期紧，以至于方案论证有时不够充分，工程图纸深度不够。建议进一步加强前期管理，尤其加强设计质量控制，保证设计方案科学合理，以优化投资，确保后期专项验收顺利衔接，并提升项目的经济和社会效益。

（2）建议进一步加强工程电子档案管理工作，实行集中统一领导、分级管理的原则，做到专人负责档案资料的收集、保管、整理及移交等相关工作，保证工程档案的完整、准确、系统以及安全保管和有效利用，为竣工财务决算与资产交付工作的顺利进行提供保证，并为竣工后的生产、运行、维修、改扩建更好地服务。

第三节　后评价报告

依据《**大学建设项目后评价实施机构操作指引本操作指引》所附《投资项目后评价报告框架》的报告标准格式，结合本项目特点，通过前期收集资料以及项目总结报告，开展管理人员访谈以及现场调研、踏勘、取证等工作，建立完成了项目资料档案，运用选定的项目后评价方法与评价指标，组织各专家小组对建设项目全过程进行全面系统的回顾、总结和评价，形成后评价初步意见。经与学校基建处、后评价工作专班办公室就相关意见进行充分沟通基础上，评价工作组完成了《**大学新建**校区图书馆项目后评价报告》的编写工作。

```
┌─────────────────────────────────────────────────────────┐
│        **大学新建**校区图书馆项目后评价报告                    │
│                                                           │
│                                                           │
│          项 目 建 设 单 位 : **大学                          │
│                                                           │
│          项目后评价实施机构 : **有限公司                      │
│                                                           │
│                                         **年**月            │
└─────────────────────────────────────────────────────────┘
```

　　我们按照**委托，对**大学新建**校区图书馆项目（以下简称"本项目"）进行后评价。在项目建设单位提供资料的真实性、合法性、完整性负责任的基础上，遵循民主科学、客观公正、实事求是的原则和评价程序。我们认为已获取评价证据是充分、适当的，为发表评价意见提供了基础。现将评价情况报告如下：

一、项目概况

　　项目名称：**大学新建**校区图书馆项目

　　建设单位：**大学

　　建设地址：**市**区**路**号，**大学新建**校区院内

　　项目性质：图书馆

　　项目建设规模：总建筑面积35625平方米

　　项目总投资：25114.15万元（不含土地费用分摊投资）

　　项目资金来源及到位情况：自筹资金，全额到位

　　项目实施进度：按施工许可证计划竣工日期2014年8月**日如期竣工

　　项目运行及效益现状：基本良好

二、项目决策要点

　　按照教育部《普通高等学校本科教学工作水平评估方案（试行）》及我校《**大学未来十年发展战略定位》《**大学学科建设规划》《**大学专业建设规划》和《**大学新建**校区图书馆项目建筑设计任务书》要求，建设一个高水准的资源丰富、独具特色的图书馆，实现教学工作水平评估优秀标准。新校区图书馆的建

设目标是建成国内一流的中国高校建筑图书馆。该建筑应是突出建筑文化信息资源特色的知识管理与知识生产并重的、学术型兼具服务型现代化图书馆建筑；功能满足全校在校生1.12万人；教师0.1万人使用（全日制本专科生8000人、研究生1500人、留学生120人、成人高等学历教育学生3000人，合计学生当量数11200）。藏书量150万～200万册。

新校区图书馆将成为学校新校区学术活动中心、学术研究中心、学习中心、信息中心、休闲中心。建筑单体造型新颖、特色鲜明，体现现代建筑文化、中国建筑特色及**地域风格。

三、项目主要建设内容

规划建设内容：总建筑面积为35625平方米，地上7层，地下1层，建筑高度29.92米。主要建设内容为150万～200万册藏书量图书馆、会议中心、地下停车场及人防等。

实际完成情况：项目总建筑面积35625平方米，地上7层，地下1层，建筑高度29.92米。项目的主要建设内容为150万册藏书量图书馆、会议报告厅、展览展示功能、部分办公用房、辅助用房、地下停车及人防等。

四、项目建设及评价依据

（一）项目建设依据、项目后评价依据

《政府投资条例》《国务院关于投资体制改革的决定》《国家发展和改革委员会关于印发中央政府投资项目后评价管理办法和中央政府建设项目后评价报告编制大纲（试行）的通知》（发改投资〔2014〕2129号）《**大学投资建设项目后评价管理办法》《**大学投资建设项目后评价管理办法参评指南》和相关法律、法规。

（二）项目资料

见《**大学投资建设项目后评价管理办法参评指南》。

五、评价方法

调查分析法、对比分析法及成功度评价。

六、 评价程序

1. 后评价工作准备
2. 组织开展后评价
3. 编写后评价报告

七、 项目过程评价

（一）立项决策后评价

项目建设必要性和可行性经过充分论证，可行性研究报告编制达到相应深度，经校内决策流程并集体决策后按规定履行报批报备程序进行了上报，审批过程中按规定履行评估程序，评估过程公正公平，评估结果科学严谨。

（二）建设实施后评价

在项目实施过程中，建设单位通过前期调研、严谨设计、精细施工，较为合理地控制了项目成本，实现了项目建设的预期目标。项目获得2017年全国优秀工程勘察设计行业奖公建一等奖，2017年教育部优秀工程设计一等奖，2017年教育部建筑环境与能源应用二等奖，2017年教育部优秀工程三等奖，2016年及2014年中国建筑学会建筑创作奖入围等奖项，北京市结构"长城杯"金奖，2014年北京市建筑"长城杯"银奖。

存在问题：（1）由于自筹资金来源过多，受工期影响在资金整合利用方面存在瑕疵，增加了招标采购工作的难度与工作量。（2）合同管理中，质量考核部分只使用一般性条款，高校图书馆特点的考核条款表述不足。（3）项目过程管理中"互联网+"运用不充分。（4）"四新"技术"新技术、新材料、新设备、新工艺"使用不够。

（三）竣工验收与决算后评价

项目按照国家标准与程序及时完成竣工验收与决算，竣工财务决算准确、及时。

存在问题：（1）由于自筹资金来源过多，甲方直接签订大量项目相关合同，增大了决算工作量。（2）项目竣工验收与决算后遗留问题处置不够及时。

（四）运行维护后评价

运行管理机构接管及时，运行维护人员配置数量、职位设置合理、运行维护人员培训周期和内容合理。

存在问题：(1)项目运行记录资料不够齐全，巡检项不够细致，内容流于表面。(2)加强建筑的设备与建筑本体小故障、小破损的发现与维修，以减少进一步损失，例如立面构件出现开裂后未及时修补、加固，致使更换部分构件。

（五）建设管理后评价

基本建设纲领性制度及基建相关管理办法建设完善。项目管理过程中使用学校基建管理团队加外聘专业技术团队的方法进行管理，校基建团队由主管校长、基建处长、基建副处长1人、总工1人、科员2人及借调建筑师1人组成，共7人；外聘专业团队由项目经理兼土木工程师1人、各专业工程师4人及预算人员2人组成，共7人。该管理团队组成方式很好地弥补了行政部门在技术方面的不足。

存在问题：项目技术应用方面偏于保守，"新技术、新材料、新设备、新工艺"使用不够；项目档案资料电子化存档缺失部分变更、洽商。

八、项目效果评价

项目基本实现了预期的效益，硬件设施配套健全，尤其在内外空间构造方面很好体现所在高校的学科、人文特点，得到**大学师生员工的一致好评；项目建成后运营和维护措施基本到位。

存在问题：带动地区经济、文化、教育发展方面需进一步加强。

九、项目可持续性评价

项目建设现状与原环境影响评价及批复要求一致，"四节一环保"方面符合高校建设项目中充分体现绿色发展相关理念与要求。

十、项目后评价结论和主要经验教训

（一）评价结论

通过专家小组和后评价小组人员对**大学新建**校区图书馆项目进行后评价打分，后评价综合得分为93.4分，其中立项决策评价得分14.5分（满分15分）、建设实施评价得分29.5分（满分30分）、竣工验收与决算评价得分14.8分（满分15分）、运行维护评价得分5分（满分6分）、建设管理评价得分16.3分（满分20分）、效果评价得分5.1分（满分5.5分）、可持续性评价得分8.2（满分8.5分），项目整体达到优秀等级，完全实现项目预期目标，完全符合规范，总体效益非常大，不利影响非常小。但是项目在建设方案比选、可行性研究报告深度、设计管理、运营维护、项目管理创新、信息化管理及社会效益等方面还有进一步提高和优化管理的空间。

（二）主要经验教训

大学新建校区图书馆项目按照基本建设管理程序进行了科学决策，建设单位认真履行管理者的责任，并创新性地在高校基建中使用学校基建管理团队加外聘专业技术团队的方法进行项目管理，值得推广。在项目实施过程中，建设单位通过前期调研、精细设计，较为合理地控制了项目成本，实现了项目建设的预期目标，同时做到了兼顾社会效益与环境效益。

项目实现了预期的使用功能，硬件设施配套健全，项目建成后运营和维护措施到位，得到**校区师生员工的一致好评。可作为后期类似项目的参考案例。

项目存在的主要问题：项目前期各项报建流程完善、合规，严格履行项目审批程序，及时通过了各项专业报审，但仍应进一步加强前期各项工作的细化程度及对专业的把控。尤其：（1）加强设计方案的论证及专项管理，防止出现设计疏漏或工程量清单缺项漏项，以便进一步加强投资概算的准确性，并确保后期各专项验收工作的顺利进行；（2）加强多来源资金的整合利用能力，提高资金使用效率，减少招标采购工作的难度与工作量。

十一、对策建议

（一）对项目和项目执行机构的建议

（1）建议学校进一步加强对项目前期推进阶段各项工作的细化管理与专业把控。项目前期，学校用户单位与使用需求往往不够明晰，深度及细化程度不够，而根据学校提出的工期要求，前期审批时间周期紧，以至于方案论证有时不够充分，项目图纸深度不够，建议进一步加强前期管理，尤其加强设计质量控制，保证设计方案科学合理，以优化投资，确保后期专项验收顺利衔接，并提升项目的经济和社会效益。

（2）建议学校进一步加强工程项目电子档案管理工作，实行集中统一领导、分级管理的原则，做到专人负责档案资料的收集、保管、整理及移交等相关工作，保证工程项目档案的完整、准确、系统以及安全保管和有效利用，为竣工财务决算与资产交付工作的顺利进行提供资料保证，并为竣工后的生产、运行、维修、改扩建更好地服务。

（二）宏观对策建议

根据对**大学新建**校区图书馆项目后评价结论，可以看出高校在建设过程中，习惯采用传统管理非线上模式，虽然可以保证项目达到预期目标，但相对来说，耗费较大的人力物力资源。据了解，**大学已经委托第三方单位，结合学校实际需求，开发了工程项目管理信息化系统，目前正在试用总结过程中。建议进一步加强"互联网+"技术的推进，建立成熟高效的工程项目全过程信息管理系统，尽早投入使用。这不仅对提高基建工作的效率和管理水平、提高项目管理过程的可控性具有重大意义，同时也是大力推进信息公开的新渠道，以及加强廉政风险防控的新手段。

附表

1：**大学新建**校区图书馆项目成功度评价表

2：**大学新建**校区图书馆项目后评价综合评价表

序号	评定项目指标	项目相关重要性	评定等级
1	立项决策	重要	成功
2	建设实施	重要	成功
3	竣工验收与决算	重要	成功
4	运行维护	重要	基本成功
5	建设管理	重要	基本成功
6	建设规模	重要	成功
7	功能效果	重要	成功
8	生态效益	重要	成功
9	社会效益	重要	基本成功
	项目总评		成功

注：1.项目相关重要性：分为重要、次重要、不重要
　　2.评定等级分为：A—成功、B—基本成功、C—部分成功、D—不成功

大学新建校区图书馆项目后评价综合评价表 附表2

一级指标	二级指标	三级指标	评价准则	子项满分值	评价得分
立项决策（15分）	项目立项（4分）	高校事业发展目标和校区功能定位	高校事业发展目标、校区功能定位是否清晰明确	1	1
		项目设立的必要性和可行性	项目设立的必要性和可行性分析是否科学全面	1	1
		校园及建设规划的符合性	项目设立是否符合校园规划及校园建设规划	1	1
		项目建议书校内决策报批程序	项目建议书是否符合校内决策流程并经集体决策，是否按规定履行报批程序	1	1
	可行性研究（11分）	项目建设的必要性和可行性	项目建设必要性和可行性是否经过充分论证	1	1
		项目建设方案比选	是否进行多方案比选评审	1	0.8
		项目投资估算和筹资方案	项目投资估算是否合理，筹资方案是否切实可行	1	1
		项目节能分析	项目节能分析是否全面准确	1	1
		项目社会稳定风险分析	项目社会稳定风险分析是否全面准确	1	1
		项目规划设计条件	项目是否取得规划设计条件	1	1

一级指标	二级指标	三级指标	评价准则	子项满分值	评价得分
立项决策（15分）	可行性研究（11分）	环境影响评价	是否编制环境影响评价文件并及时履行报批手续	1	1
		项目可行性研究报告深度	项目可行性研究报告编制是否达到相应深度	1	0.7
		项目可行性研究报告校内决策报批程序	项目可行性研究报告是否符合校内决策流程并经集体决策，是否按规定履行报批报备程序	1	1
		项目可行性研究报告评估	项目可行性研究报告是否按规定履行评估程序，评估过程是否公平公正，评估结果是否科学	1	1
		项目可行性研究报告报批报备	项目可行性研究报告是否取得上级主管部门备案或批复意见	1	1
建设实施（30分）	报批报建（4分）	土地使用文件	是否按规定办理建设项目选址意见书等土地使用文件	1	1
		建设用地规划许可证	是否及时办理建设用地规划许可证	1	1
		施工许可证	是否及时办理施工许可证	1	1
		"未批先建"情况	是否存在未办理相关手续而先行开工建设情况	1	1
	勘察设计（6分）	勘察单位选定	勘察单位是否按法律法规及相关要求选定，选定的勘察单位资质、能力等是否与工程勘察需求相匹配	0.5	0.5
		勘察任务书	勘察任务书是否表达明确、内容充分，提交勘察报告等时间节点设置是否合理	0.5	0.5
		勘察过程	勘察过程是否符合相关标准规范	0.5	0.5
		勘察报告	勘察报告内容是否真实、科学，勘察质量是否满足工程设计及施工需求	0.5	0.5
		勘察结果应用	工程施工中的地质条件是否与勘察结果相一致	0.5	0.5
		设计单位选定	设计单位是否按法律法规及相关要求选定；选定的设计单位资质、能力等是否与工程设计需求相匹配	0.5	0.5
		设计任务书	设计任务书是否表达明确、内容充分，提交方案设计、初步设计、施工图设计等时间节点设置是否合理，限额设计要求是否明确（如果有）	0.5	0.4
		设计过程	设计过程是否符合相关标准规范	0.5	0.4
		方案设计	设计方案是否经过比选及优化	0.5	0.5
		初步设计及概算	初步设计及概算是否履行相应审批程序；设计概算是否在批复范围内	0.5	0.4

一级指标	二级指标	三级指标	评价准则	子项满分值	评价得分
建设实施（30分）	勘察设计（6分）	施工图设计	施工图设计是否达到相应深度，是否满足施工需要，是否存在指定设备或材料情况	0.5	0.5
		设计成果完成情况	各阶段设计成果是否按时提交并达到预期目标	0.5	0.45
	招标采购（9分）	招标采购方式	招标采购方式的选定是否合法合规，是否按照上级部门核准意见执行招标方式，是否存在肢解发包、规避公开招标的情况	1	1
		招标代理选定	招标代理机构的选定是否符合法律法规及相关要求，招标代理机构的能力是否与招标采购需求相匹配	1	1
		招标采购文件质量	招标文件内容是否完整，是否全面、准确地表述项目情况和招标人要求，招标控制价是否在批复或批复的工程概算范围内	1	0.95
		招标采购文件公平性	招标采购条件是否科学合理，是否能体现出竞争性；评标办法是否经集体决策；是否存在违规设置条件、排斥潜在投标人情况	1	1
		招标采购文件发放	是否依法依规公开发布招标公告；是否存在干扰投标报名或延期接受投标报名等情况；是否违规透露投标人信息；是否存在现场踏勘和招标答疑未及时通知所有投标人的情况	1	1
		资格审查	对投标人进行资格审查是否严格执行资格审查条款；是否有效排除挂靠、借用资质等情况	1	1
		评标过程	是否按照法定要求开标；是否按照评标办法，客观公正实施评标；是否按照规定选定招标采购人代表；是否存在招标采购人代表以各种方式影响专家评标的情况	1	1
		评标结果	是否按规定公示评标结果；是否存在未按评标委员会推荐的中标候选人顺序确定中标人情况；选定中标人的理由是否充分；选定中标人是否经集体决策；是否按规定发出中标通知书	1	1
		招标采购投诉举报处理	是否存在依法依规的投诉、举报；是否认真调查并按规定逐级汇报调查情况	1	1
	开工准备（3分）	施工图设计文件审查	施工图设计文件是否经具备条件的施工图审查机构审查，且正式的施工图设计文件审查报告是否存档；设计单位对施工图设计文件审查意见是否有回复	1	1
		施工组织设计文件	是否有合理实用的施工组织设计文件；是否按规定程序进行审查	0.5	0.5

一级指标	二级指标	三级指标	评价准则	子项满分值	评价得分
建设实施（30分）	开工准备（3分）	现场施工条件	施工现场"三通一平"工作是否在施工合同签订前；现场施工条件是否达到开工要求	0.5	0.5
		开工手续	工程质量安全监督手续是否及时办理妥当；施工许可证是否及时办理妥当；开工报告是否及时报送监理单位批准，监理单位是否及时签发工程开工令	1	1
	施工工程（6分）	质量管理	是否实行五方主体质量终身责任制度，项目负责人是否签订《质量终身责任承诺书》，建设单位是否建立质量终身责任档案；是否建立健全项目质量管理体系；是否按设计图纸和施工规程进行施工，质量控制点的设置和检测是否符合规范要求；是否发生过工程质量事故，且是否及时对工程质量事故进行妥善处理；工程质量检查验收是否全部合格；工程验收资料是否齐备且可追溯	1	1
		进度管理	施工进度总体目标安排是否合理，进度目标分解及主要里程碑描述是否清晰；施工进度计划图表是否齐全，且是否按规定经监理单位审核；是否严格执行施工进度计划，是否建立进度偏差预警机制；发现施工进度偏差后采取的纠偏措施是否得力；项目实际开竣工日期与计划开竣工时间之间是否存在偏差	1	1
		造价管理	是否编制详细的建设资金使用计划，且严格执行资金使用计划；是否建立变更管理制度，并建立相关工作流程及表单；工程价款支付相关管理规定是否健全并落实；工程预付款、工程进度款、工程竣工结算款的支付额度、支付时间及审核流程是否符合合同约定和相关规定；工程质量保证金的扣留和返还时间、额度、方式及流程是否符合合同约定和相关规定；工程最终结算价款与预算造价之间是否存在偏差	1	0.9
		安全生产管理	安全生产管理机构及岗位设置是否按规定到位，施工现场安全生产管理体系是否建立健全；安全教育培训及检查制度是否建立并严格执行；危险性较大的分部分项工程是否按规定编制专项施工方案并严格执行；生产安全事故应急预案是否制定到位并有演练；建设单位安全文明施工费用是否及时足额拨付，施工单位是否足额专项投入；是否有生产安全事故发生且进行妥善处理	1	1

一级 指标	二级 指标	三级指标	评价准则	子项 满分值	评价 得分
建设实施 （30分）	施工工程 （6分）	合同管理	是否建立健全合同管理相关制度、工作流程和表单；是否设置专门的合同管理岗位，相应管理职责是否明确；合同的完备性及财务、法律风险是否进行审核；合同签订程序及补充协议签订流程是否符合相关规定；合同条款是否全面履行；索赔与争议处理程序是否符合相关规定	1	1
		文明施工管理	是否建立文明施工责任制；施工场地是否平整、交通畅通、排水良好、标识清晰；临水、临电和临时设施是否管理有序；施工材料、设备、垃圾、渣土等管理是否良好；保卫、消防和生活卫生等管理是否符合规定	1	1
	工程监理 （2分）	项目监理机构人员配备	项目监理机构人员配备是否符合监理投标文件及合同约定，能否满足项目监理工作需求	0.5	0.5
		监理规划及监理实施细则	监理规划及监理实施细则内容是否符合项目监理需求，审批流程是否符合相关规范要求	0.5	0.5
		监理工作	监理工作是否按监理合同约定实施"三控两管一协调"（质量、造价、进度控制，合同管理和信息管理，工程建设相关方关系协调）职责是否履职到位，安全生产管理的法定职责是否履职到位	0.5	0.5
		监理档案资料	监理档案资料是否完整，质量和要素是否满足相关要求	0.5	0.5
竣工验收 与决算 （15分）	竣工验收 （5分）	专项验收标准、验收程序	防雷验收、节能验收、环保验收和电梯验收等专项验收是否符合施工合同、设计文件及相关标准规范要求，是否符合国家、行业和地方有关规定	0.5	0.5
		专项验收时间	是否符合既定进度计划时间要求	0.5	0.5
		专项验收原始资料	是否准备齐全，有无隐瞒和作假现象	0.5	0.5
		工程质量评定	有无主观臆断和人情因素	0.5	0.5
		联合验收前预验收	是否按国家、行业和地方有关规定程序、进度安排组织验收并通过	0.5	0.5
		专项验收申报资料	是否按时间要求申报，且所报资料是否一次性"合格或齐全"	0.5	0.5
		现场联合验收	是否认真严谨，有无流于形式；是否一次通过	0.5	0.5
		工程档案文件	是否符合国家有关工程勘察、设计、施工、监理等方面的技术标准规范；是否真实、准确、完整，且与工程实际相符；是否字迹清楚、图样清晰、图表整洁、签字盖章手续完备	0.5	0.5
		工程档案预验收	是否按时通过	0.5	0.5

一级指标	二级指标	三级指标	评价准则	子项满分值	评价得分
竣工验收与决算（15分）	竣工验收（5分）	工程档案移交	移交至城建档案管理机构的时间是否符合规定	0.5	0.5
	竣工结算（7分）	竣工结算的时效性	竣工结算资料报送是否及时	1	1
		竣工结算资料质量	竣工结算报告的编制方法、范围、标准是否合法合规；竣工结算资料中的工程量核定单、工程定额套价、各项费用及规费、设计变更、洽商及现场签证、材料价款调整、索赔费用等资料是否真实、完整、准确	1	1
		竣工结算审计报告	竣工结算审计报告出具是否及时	1	1
		工程质量保证金	工程质量保证金的扣留是否合法合规	1	1
		竣工结算审核报告质量	竣工结算审核报告的编制方法、范围、标准是否合法合规，签字盖章是否齐全	1	1
		工程收尾	工程收尾工作是否周到	1	1
		遗留问题处置	工程遗留问题是否确定了处理方式和期限	1	0.8
	竣工财务决算（3分）	竣工财务决算时效性	竣工财务决算的编制是否及时	0.5	0.5
		竣工财务决算资料质量	竣工财务决算所需资料是否完整、真实、准确	0.5	0.5
		竣工财务决算编制的合规性	固定资产入账依据是否充分，是否将不具备竣工财务决算编制条件的项目提前或者强行编入竣工财务决算；账务处理是否正确，会计核算是否合法合规	0.5	0.5
		竣工财务决算报告质量	竣工财务决算报告内容和格式是否合法合规	0.5	0.5
		竣工财务决算报表质量	竣工财务决算报表内容和格式是否合法合规，填列的数据是否完整、准确，表间勾稽关系是否正确	0.5	0.5
		竣工财务决算审核报告质量	竣工财务决算审核报告内容是否齐全，审核报告说明书编制是否合法合规；审核报告表中所列数据是否完整、准确，表间勾稽关系是否正确，是否与竣工财务决算报告相一致	0.5	0.5
运行维护（6分）	运行管理（4分）	运行管理机构	运行管理机构设置是否合理；运维人员配置数量、职位设置是否合理；运行维护人员培训和内容是否合理	0.5	0.4

一级指标	二级指标	三级指标	评价准则	子项满分值	评价得分
运行维护（6分）	运行管理（4分）	工程档案资料移交	工程档案资料移交是否全面有效，并履行相应程序	0.5	0.5
		运行管理规章制度	是否制定并执行完善、规范的运行管理规章制度	0.5	0.5
		建（构）筑物维修保养	建筑物、构筑物维修保养情况是否良好	0.5	0.4
		运行管理考核	项目运行记录资料是否完整、内容是否齐全；是否有相应的运行管理考核制度并落实	1	0.6
		师生满意度	师生作为用户对项目的满意度	1	0.9
	实施设备管理（2分）	设施设备管理制度	是否制定必要的设施设备运行管理、考核和维护制度	0.5	0.5
		设施设备管理人员配置	设施设备管理人员结构是否合理并持证上岗	0.5	0.5
		设施设备管理手段	是否利用设施设备管理系统实施管理	0.5	0.3
		设施设备维修保养情况	设施设备维修保养情况是否符合要求	0.5	0.4
建设管理（20分）	管理制度（5分）	基本建设纲领性制度	是否建立涵盖基本建设各环节管理的纲领性校级制度文件，例如《XX高校基本建设管理办法》	0.5	0.5
		立项报建管理办法	是否建立含有项目建议书的编制及报批立项、可行性研究报告评估及报批；项目前期报建、项目实施过程中报建、项目竣工报验等内容的立项报建方面的制度	0.5	0.5
		规划设计管理办法	是否建立含有勘察、设计、图审等内容的规划设计方面的制度	0.5	0.5
		工程造价管理办法	是否建立含有可行性研究报告阶段投资估算审核、初步设计概算审核、工程量清单编制、施工过程中及竣工结算造价管理方面的制度	0.5	0.5
		招标采购管理办法	是否建立含有招标采购范围、招标采购方式及限额标准、组织程序、申报程序等内容的招标采购制度	0.5	0.5
		合同管理办法	是否建立含有合同审批、签署、备案、履行及变更、交接及归档、合同纠纷等内容的合同管理制度	0.5	0.5
		施工管理办法	是否建立含有施工质量管理、施工工期进度管理、施工安全管理等内容的施工管理制度	0.5	0.5

一级指标	二级指标	三级指标	评价准则	子项满分值	评价得分
建设管理（20分）	管理制度（5分）	变更管理办法	是否建立含有变更申请及审批、工程签证和工程洽商等内容的变更管理制度	0.5	0.5
		工程价款支付管理办法	是否建立含有工程款支付、工程质保金支付、工程建设其他费支付、工程规费借款等内容的工程款支付制度	0.5	0.5
		竣工验收与决算管理办法	是否建立含有竣工验收与决算、工程移交等方面的竣工验收与决算制度	0.5	0.5
	项目管理创新（4分）	项目过程管理创新	项目过程管理中应用了哪些管理方法，明显提高了工程质量、进度，节省资金的效果，例如：信息化集成建设、总包集中管理、深化责任成本管理、深化设计、人员管理方面的创新等	0.5	0.4
		勘察设计奖项	项目在勘察设计领域是否获得国际级、国家级、省部级、地市级的奖项	0.5	0.5
		设计成果奖项	项目在设计成果领域是否获得国际级、国家级、省部级、地市级的奖项	0.5	0.3
		工程质量奖项	项目在工程质量领域是否获得国际级、国家级、省部级、地市级的奖项	0.5	0.3
		工程装饰奖项	项目在工程装饰领域是否获得国际级、国家级、省部级、地市级的奖项	0.5	0
		绿色建筑、节能奖项	项目在绿色建筑、节能奖项领域是否获得国际级、国家级、省部级、地市级的奖项	0.5	0.3
		其他奖项	项目是否在其他领域获得国际级、国家级、省部级、地市级的奖项，例如安装之星	0.5	0.3
		"四新"技术的应用	项目建设过程中是否有"四新"技术，即：新技术、新材料、新设备、新工艺的推广和应用	0.5	0.3
	信息化管理（5分）	信息管理规划和管理制度	是否制定完整的信息管理规划、管理制度并落实	0.5	0.3
		建设项目全生命周期信息综合处理平台	是否建立涵盖整个项目全面的信息综合处理平台	0.5	0
		基于互联网的项目管理、信息交互以及协同工作平台	是否采用了数字化办公、网络办公等信息化管理手段	0.5	0.5
		协同设计平台	参建各方是否通过信息处理平台协同设计（比如BIM）	0.5	0
		成本处理软件或平台	采用成本处理软件或平台来处理建设项目概算、预算、结算等造价问题	0.5	0.5

一级指标	二级指标	三级指标	评价准则	子项满分值	评价得分
建设管理（20分）	信息化管理（5分）	质量、进度、安全软件或平台	主要指建设项目建设过程中针对质量、进度、安全等方面是否采用信息化处理软件和平台	0.5	0.2
		财务管理软件或平台	是否采用财务管理软件或平台，包括日常财务管理以及财务结算等	0.5	0.5
		项目运行维护阶段信息数据的收集和处理系统	主要指建设项目运行维护阶段是否建立信息数据的收集和处理系统	0.5	0.3
		项目档案数字化和集成化处理平台	主要指项目资料电子化存档	0.5	0.3
		其他项目信息化管理平台	由被评价单位提供支撑材料	0.5	0.3
	廉政与风险防控（6分）	廉政风险教育工作台账	是否建立廉政教育工作台账，记录廉政教育的计划安排、阶段总结以及开展教育的时间、地点、参加人员、教育内容、研讨发言等情况	1	1
		廉政风险教育活动	是否定期举办廉政风险教育活动，可以采取举办培训班、报告会、廉政党课、专题研讨、廉政展览、警示教育等多种形式	1	1
		廉政风险防控协作机制落实情况	学校纪检监察、审计、财务、工会等部门是否参与基建项目管理过程	1	1
		岗位风险防控机制	是否制定明确的岗位责任分工；是否明确岗位责任主体；是否实现风险岗位定期轮岗	1	1
		"一岗双责"落实情况	是否落实处级岗位责任清单，并签订处级干部廉政责任风险承诺；是否落实关键岗位责任清单，并签订廉政责任书	1	1
		廉政问题查处情况	是否存在被查处的廉政问题（发生一起，此项不得分）	1	1
建设规模（2.5分）	办学规模（0.5分）	办学规模评价指标变化率	（后评价时点指标值−可行性研究或初步设计指标值）/可行性研究或初步设计指标值×100%，变化率在±15%之内	0.5	0.5
	建筑规模（0.5分）	建筑规模评价指标变化率	（竣工备案建筑面积−可行性研究或初步设计建筑面积）/可行性研究后初步设计建筑积×100%，变化率在±10%之内	0.5	0.5
	投资规模（1.5分）	项目建议书阶段投资偏差率	（竣工财务决算−项目建议书投资匡算）/项目建议书投资匡算×100%，偏差率在15%之内	0.5	0.5

一级指标	二级指标	三级指标	评价准则	子项满分值	评价得分
建设规模（2.5分）	投资规模（1.5分）	可行性研究阶段投资偏差率	（竣工财务决算-可行性研究投资估算）/ 可行性研究投资估算 × 100%，偏差率在10%之内	0.5	0.5
		初步设计阶段投资偏差率	（竣工财务决算-初步设计投资概算）/ 初步设计投资概算 × 100%，偏差率在5%之内	0.5	0.5
功能效果（3分）	功能效果（3分）	主体功能	阅读空间大小与研讨空间数量；座位数量与学生规模是否匹配；图书馆阅览室布局是否合理	0.5	0.5
			数字图书基本配备；设施的先进程度和使用状况	0.5	0.4
			办公区域是否集中；有无考虑各办公室的特殊情况；会议室安排和设备配备是否满足要求	0.5	0.5
		社会功能	在满足教学、科研使用要求的基础上，为附近居民提供活动空间的能力	0.5	0.3
		配套功能	对于高校主体功能和社会功能提供的保障程度	0.5	0.4
		基础设施功能	对于师生教学、科研和生活提供的公共服务程度	0.5	0.5
生态效益（6分）	资源节约（2分）	节地	是否节约集约利用土地；是否合理开发地下空间	0.5	0.5
		节材	是否对建筑形体、地基基础、结构体系、结构构件进行优化设计，达到节材效果；是否选用本地生产的建筑材料；是否合理采用高耐久性建筑结构材料，使用以废弃物为原料生产的建筑材料	0.5	0.5
		节水	日用水量是否满足相关节水用水定额要求；是否使用节水器具与设备；是否合理使用非传统水资源	0.5	0.5
		节能	是否符合国家有关建筑节能设计标准规定；围护热工性能指标、供暖、通风与空调是否优于国家有关建筑节能设计标准规定；照明与电气是否采用节能措施；是否合理利用可再生能源	0.5	0.5
	环境协调（2.5分）	自然地理环境协调	建筑平面形状和用地形状的协调性	0.5	0.5
			建筑形态与自然的地形地貌的协调性	0.5	0.5
			新建项目与原有周围建筑的协调性	0.5	0.5
		生态环境协调	充分考虑当地的气候环境、水文条件、景观植被	0.5	0.5
		人文环境协调	从文化元素、建筑造型、行为空间等因素考虑，体现周密的人文关怀，凸显环境育人，崇尚素质教育	0.5	0.5
	环境影响（1.5分）	环境影响一致性	建设项目实施后的实际效果与原环境影响评价报告书及其批复文件进行对比分析，是否一致	0.5	0.5
		环境保护措施的有效性	项目投入使用后，废气、废水、噪声、固体废物排放是否符合排放标准，以及相关防治措施的符合性和有效性	0.5	0.5

一级 指标	二级 指标	三级指标	评价准则	子项 满分值	评价 得分
生态效益 （6分）	环境影响 （1.5分）	环境风险预案 的完备性	风险防范措施的落实情况和环境风险应急预案的 有效性	0.5	0.5
社会效益 （2.5分）	社会效益 （2.5分）	定性评价	有利于育人环境的改善程度	0.5	0.5
			有利于学校教学水平的提升度	0.5	0.5
			有利于使学校优势学科更为突出的促进作用	0.5	0.5
			促进地区、国际文化交流的作用	0.5	0.4
			带动地区经济、文化、教育发展的作用	0.5	0.3
项目总分	100（分）			100	93.4

参考文献

[1] 陈劲，王璐瑶.新时代中国科教兴国战略论纲[J].改革，2019（06）：32-40.

[2] 韩淑荣.基本建设在高等学校发展中的地位和作用[J].中国轻工教育，2005（04）：33-34.

[3] 高书国.后普及教育时代：中国高等教育发展的战略空间[J].现代教育管理，2020（10）：1-9.

[4] 丁宏远.新时代背景下高校基建管理工作的思考[J].中华建设，2019（01）：62-63.

[5] 曾雪芳.高校建设项目管理研究[D].石河子：石河子大学，2016.

[6] 吕伟华.基于PM的高校创新实践活动评价体系研究[D].大连：大连理工大学，2009.

[7] 幸炤宇.天然气乙炔工程项目后评价研究[D].重庆：重庆大学，2006.

[8] 马小丁.后评价工作实践中存在的主要问题[J].中国投资，2008（10）：88-89.

[9] 黄斌.移动通信企业投资项目绩效评价理论研究与实证分析[D].广州：暨南大学，2007.

[10] 陈刚.投资项目后评价研究[D].重庆：重庆大学，2004.

[11] 后评价的发展历程[J].化学工业，2019，37（02）：55-56.

[12] 吴瑞智.建设项目可持续性分析及综合评价研究[D].重庆：重庆大学，2009.

[13] 屈煦炜.基于审计视角的建设项目后评价研究[D].南京：南京审计大学，2019.

[14] 向涛.后评价在城市快速路中的研究与应用[D].长沙：长沙理工大学，2011.

[15] 孟建英.工程建设投资项目后评价理论方法与应用研究[D].天津：天津大学，2004.

[16] 陆歆弘.国内开展建筑使用后评估的必要性研究[J].建筑科学，2004（04）：80-83.

[17] 林小勇.闽西职业技术学院物业外包项目后评价研究[D].泉州：华侨大学，2017.

[18] 董进和.关于投资项目后评价方法的研究[J].中国工程咨询，2014（03）：17-18.

[19] 马磊.黄骅港远程集控系统改造项目后评价[D].秦皇岛：燕山大学，2020.

[20] 张琳婕.MX风电项目经济后评价研究[D].西安：西安石油大学，2020.

[21] 孙福全，刘彦.项目后评估及其实施[J].中国科技论坛，1999（04）：33-37.

[22] 杨道建，赵喜仓，陈海波.科技计划项目绩效评价指标体系的构建[J].江苏大学学报（社会科学版），2007（02）：89-92.

[23] 王文斐.高校基建项目工程管理要点[J].中华建设，2014（06）：104-105.

[24] 付英.高校基建管理的特殊性与措施分析[J].科技创新导报，2018，15（17）：167-168.

[25] 蒋桂梅，刘盛辉.高校基建工程项目管理特点研究[J].广东建材，2012，28（09）：123-134.

[26] 朱学红，胡建平.现代高等学校基本建设工作的若干思考[J].现代大学教育，2004（01）：110-112.

[27] 全国注册咨询工程师（投资）资格考试参考教材编写委员会编著.注册咨询工程师（投资）资格考试参考教材 工程项目组织与管理（2012年版）[M].北京：中国计划出版社，2011.

[28] 邱水平.对新时代中国高等教育内涵式发展的几点思考[J].中国高等教育，2020（19）：12-16.

[29] 刘宗志.高校基本建设项目管理的研究[D].合肥：合肥工业大学，2010.

[30] 张建.送变电工程项目招标评标方法及其应用研究[D].北京：华北电力大学，2015.

[31] 俞洋.改进型挣值法在工程项目的应用[D].杭州：浙江大学，2010.

[32] 王鹏，李爱彬.基于全寿命周期理念的高校重点学科建设项目监理角色探讨[J].学位与研究生教育，2010（11）：52-56.

[33] 袁卫平.浅谈工程项目全寿命管理[J].建筑经济，2006（S2）：62-65.

[34] 李秾.油田产能建设地面工程方案优化和简化浅析[J].中国科技信息，2011（17）：70-71.

[35] 邓晓梅.建设项目全寿命管理思想对实现可持续发展战略的意义[J].上海建设科技，2000（05）：43-44.

[36] 杜晓芳.浅淡如何提高建筑业生产效率[J].价值工程，2013，32（35）：95.

[37] 李瑞.YDSD公司烟气脱硝项目投资后评价研究[D].西安：西安建筑科技大学，2016.

[38] 施义勇.S县体育中心建设项目的后评价研究[D].泉州：华侨大学，2016.

[39] 严玲，宁延，鲁静，等著.全过程工程咨询理论与实务[M].北京：机械工业出

版社，2021.

[40] 郎启贵.建设项目可持续性后评价指标体系和方法研究[D].重庆：重庆大学，2006.

[41] 王广浩.建设项目后评价内容完善与方法研究[D].杭州：浙江大学，2004.

[42] 朱小雷，吴硕贤.使用后评价对建筑设计的影响及其对我国的意义[J].建筑学报，2002（05）：42-44.

[43] 朱嬿，牛志平.建设项目可持续性概念与后评价研究[J].建筑经济，2006（01）：11-16.

[44] 李燕.环境影响后评价工作内容研究——以码头建设项目后评价为例[J].环境科学与管理，2015，40（02）：188-191.

[45] 魏丹.大学的三大职能探析[J].继续教育研究，2006（03）：74-76.

[46] 张勃.高校公共建筑项目后评价的研究[J].科技创新导报，2017，14（05）：143-148.

[47] 杜娅薇.武汉大学老图书馆使用后评价研究[D].武汉：武汉大学，2017.

[48] 蓝志强，李旭，赵婷婷，等.投资项目后评价工作的思考与建议[J].航天工业管理，2016（01）：26-28.

[49] 韩卫民，杨莹.信息收集的方法及注意事项[J].河南科技，2011（11）：25-26.

[50] 温旭虹.兰州石化公司员工培训方案的设计与实施[D].西安：西安理工大学，2009.

[51] 娄继光.企业员工培训方案设计浅析[J].山西经济管理干部学院学报，2010，18（01）：20-22.

[52] 鲍良.公共投资项目绩效评价与管理体系研究[D].北京：中国地质大学（北京），2008.